中国語への道

―浅きより深きへ―

改訂新版

準中級編

内田慶市・奥村佳代子・塩山正純・張軼欧

你后天有
时间吗?

有啊,
你有什么事儿?

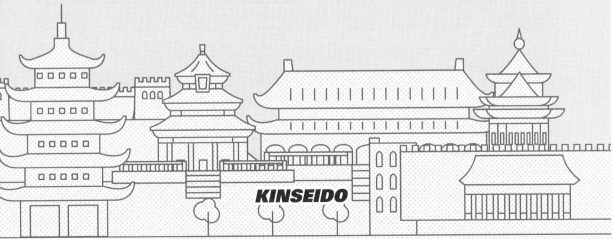

KINSEIDO

著 者
内田 慶市
奥村佳代子
塩山 正純
張 軼欧

表紙デザイン
(株)欧友社

イラスト
川野 郁代

 音声ファイル無料ダウンロード

http://www.kinsei-do.co.jp/download/0724

この教科書で DL 00 の表示がある箇所の音声は、上記 URL または QR コードにて無料でダウンロードできます。自習用音声としてご活用ください。

▶ PC からのダウンロードをお勧めします。スマートフォンなどでダウンロードされる場合は、**ダウンロード前に「解凍アプリ」をインストール**してください。

▶ URL は、**検索ボックスではなくアドレスバー (URL 表示覧)** に入力してください。

▶ お使いのネットワーク環境によっては、ダウンロードできない場合があります。

CD 00 左記の表示がある箇所の音声は、**教師用 CD** に収録されています。

まえがき

　本書は大学等での1年間の中国語履修を終えた学習者を対象に編まれたものである。

　ところで、世間一般では、この段階を「中級」と呼んでいる。しかしながら、日本の中国語教育において、実は、初級、中級、さらには上級を分ける明確な基準は確立していないのが現状である。これはひとえに私たち中国語教育に従事しているものの「怠慢」ではあるが、いずれにしても、それぞれの級で、どれくらいの語彙数を、文法項目はどこまで教えるか等々は、世に出ているテキストと同じだけ編者によってまちまちである。これは高等学校の中国語教育においても同様であり、そもそも高等学校での「学習指導要領」なるものすら存在しない。このような状況は一日も早く解消されるべきであり、中国語教育のガイドライン作成は急務となっている。

　さて、本書で私たちが目指したのは、いわゆる「中級」ではなく、あくまでも初級（1年間履修レベル）から「より高く」「より深き」レベルへの橋渡し的なものである。「準中級」とでも言うべきものであるが、そのようなものとしたのは、2年目の学習者に求められるのは、新しい語彙や文法項目を覚えるよりも（そのことも含まれてはいるのであるが）、むしろ、それまで1年間学んできた内容を再度「学び直し」完全に自分のものとして、それらを自由に操れる能力を身につけることであるという私たちの基本的な考え方に依っている。本書のタイトルを「中国語への道【準中級】〜浅きより深きへ〜」と名付けた所以である。

　なお、どの課も会話文とそれと対をなす短文から構成されているが、特に短文は「暗誦」用に使われることを期待している。「暗誦」は語学教育にとって極めて有用なものであるからである。

　本書の出版に際しては、『中国語への道〜近きより遠きへ〜』に引き続き、今回も金星堂の佐藤貴子氏のお世話になった。記して感謝の意を表するものである。

　終わりに、本書を使われる方々の忌憚のないご批判、ご叱正をお願いする次第である。

2008.8.8 北京奥运会の開幕の日に

編　者

改訂にあたって

　本書は出版以来、多くの方々からご使用をいただき、貴重なご意見を賜りました。今回、版を重ねるに際して、基本的コンセプト、すなわちシンプルであることはそのままで、取り上げるテーマを時流に合うように修正を施し、練習問題と教授用資料の充実をはかりました。

　なお、今回の改訂にあたっては、金星堂の川井義大氏のお世話になりました。

　このテキストを使用される先生方、学習者の皆さんのこれまで同様、忌憚のない御指正をお願いする次第です。

平成 25 年 10 月

編者代表：内田慶市

改訂新版にあたって

　本書『中国語への道—浅きより深きへ—』は 2009 年 1 月に初版を発行して以来、今日まで 12 年の長きに亘って版を重ねて来ました。これも、ひとえに、お使いいただいた先生方、学習者の皆さんのご支持の賜と深く感謝しております。

　今回の改訂新版の主なポイントは以下の通りです。

1　各課に「目標」を設定して、学習するトピック、語彙、文法で身につけたいことの「見える化」を図った。
2　時代の変化に伴った話題の設定の変更を行った。
3　音声、文法、語彙のうち、特に語彙は社会の変動の影響を受けやすいものであり、本書でもそのことに留意して総合的に見直し、入れ替えを行った。
4　文法ポイントについては各課の項目数を揃え、併せて例文数も均等化し、授業のスケジューリングに配慮した。
5　練習問題のレイアウトをより使いやすいように工夫した。
6　教授用資料の説明を充実させた。
7　付録の発展練習問題にオンライン学習にも対応した問題をプラスした。

さて、2019 年の暮れから始まった地球の歴史上、未曾有のコロナ禍は未だ終息の兆しが

見えておりません。人々は多くの不自由を強いられていますが、一方で、学習・教育の在り方はこれまでとは一変した感があります。特に、ICT 活用、オンライン授業は当たり前のものとして定着し、これはもはや後戻り出来ないものになりました。それに伴い、テキストもそれに合った形のものが求められます。今回の改訂ではそのことにも配慮してあります。

　初版の「はじめに」にも記したように、本書が目指したものは、いわゆる「中級」ではなく、あくまでも初級から「より高く」「より深く」への橋渡し的なレベルのものです。それが、どこまで実現できたかは未だその確証を得られてはいませんが、それに向けて一層の反省、見直しを続けて行くつもりです。今後とも、皆さん方の忌憚のないご意見、ご叱正をお待ちする次第です。

　なお、今回の改訂でも金星堂の川井義大さんにはお世話になりました。ここに記して感謝の意を表します。

編集代表　内田慶市

2021 年 8 月吉日

本書は CheckLink（チェックリンク）対応テキストです。

CheckLink のアイコンが表示されている設問は、CheckLink に対応しています。

CheckLink を使用しなくても従来通りの授業ができますが、特色をご理解いただき、授業活性化のためにぜひご活用ください。

CheckLink の特色について

　大掛かりで複雑な従来の e-learning システムとは異なり、CheckLink のシステムは大きな特色として次の 3 点が挙げられます。

1. これまで行われてきた教科書を使った授業展開に大幅な変化を加えることなく、専門的な知識なしにデジタル学習環境を導入することができる。
2. PC 教室や CALL 教室といった最新の機器が導入された教室に限定されることなく、普通教室を使用した授業でもデジタル学習環境を導入することができる。
3. 授業中での使用に特化し、教師・学習者双方のモチベーション・集中力をアップさせ、授業自体を活性化することができる。

▶教科書を使用した授業に「デジタル学習環境」を導入できる

　本システムでは、学習者は教科書の CheckLink のアイコンが表示されている設問に PC やスマートフォン、アプリからインターネットを通して解答します。そして教師は、授業中にリアルタイムで解答結果を把握し、正解率などに応じて有効な解説を行うことができるようになっています。教科書自体は従来と何ら変わりはありません。解答の手段として CheckLink を使用しない場合でも、従来通りの教科書として使用して授業を行うことも、もちろん可能です。

▶教室環境を選ばない

　従来の多機能な e-learning 教材のように学習者側の画面に多くの機能を持たせることはせず、「解答する」ことに機能を特化しました。PC だけでなく、一部タブレット端末やスマートフォン、アプリからの解答も可能です。したがって、PC 教室や CALL 教室といった大掛かりな教室は必要としません。普通教室でも CheckLink を用いた授業が可能です。教師は PC だけでなく、一部タブレット端末やスマートフォンからも解答結果の確認をすることができます。

▶授業を活性化するための支援システム

　本システムは予習や復習のツールとしてではなく、授業中に活用されることで真価を発揮する仕組みになっています。CheckLink というデジタル学習環境を通じ、教師と学習者双方が授業中に解答状況などの様々な情報を共有することで、学習者はやる気を持って解答し、教師は解答状況に応じて効果的な解説を行う、という好循環を生み出します。CheckLink は、普段の授業をより活力のあるものへと変えていきます。

　上記 3 つの大きな特色以外にも、掲示板などの授業中に活用できる機能を用意しています。従来通りの教科書としても使用はできますが、ぜひ CheckLink の機能をご理解いただき、普段の授業をより活性化されたものにしていくためにご活用ください。

CheckLink の使い方

CheckLink は、PC や一部のタブレット端末、スマートフォン、アプリを用いて、この教科書にある
↻CheckLink のアイコン表示のある設問に解答するシステムです。
・初めて CheckLink を使う場合、以下の要領で**「学習者登録」**と**「教科書登録」**を行います。
・一度登録を済ませれば、あとは毎回**「ログイン画面」**から入るだけです。CheckLink を使う
　教科書が増えたときだけ、改めて**「教科書登録」**を行ってください。

CheckLink URL

https://checklink.kinsei-do.co.jp/student/

登録は CheckLink 学習者用
アプリが便利です。ダウン
ロードはこちらから ▶▶▶

▶**学習者登録** (PC ／タブレット／スマートフォンの場合)
① 上記 URL にアクセスすると、右のページが表示されます。学校名を入力し
　「ログイン画面へ」を選択してください。
　PC の場合は「PC 用はこちら」を選択して PC 用ページを表示します。同
　様に学校名を入力し「ログイン画面へ」を選択してください。
② ログイン画面が表示されたら**「初めての方はこちら」**を選択し
　「学習者登録画面」に入ります。

③ 自分の学籍番号、氏名、メールアドレス(学校
　のメールなど **PC メールを推奨**)を入力し、次
　に**任意のパスワード**を 8 桁以上 20 桁未満(半
　角英数字)で入力します。なお、学籍番号は
　パスワードとして使用することはできません。
④「パスワード確認」は、❸で入力したパスワー
　ドと同じものを入力します。
⑤ 最後に「登録」ボタンを選択して登録は完了
　です。次回からは、「ログイン画面」から学籍
　番号とパスワードを入力してログインしてく
　ださい。

▶教科書登録

①ログイン後、メニュー画面から「教科書登録」を選び（PCの場合はその後「新規登録」ボタンを選択）、「教科書登録」画面を開きます。

②教科書と受講する授業を登録します。
教科書の最終ページにある、**教科書固有番号**のシールをはがし、印字された**16桁の数字とアルファベット**を入力します。

③授業を担当される先生から連絡された**11桁の授業ID**を入力します。

④最後に「登録」ボタンを選択して登録は完了です。

⑤実際に使用する際は「教科書一覧」（PCの場合は「教科書選択画面」）の該当する教科書名を選択すると、「問題解答」の画面が表示されます。

▶問題解答

①問題は教科書を見ながら解答します。この教科書の ⟳CheckLink のアイコン表示のある設問に解答できます。

②問題が表示されたら選択肢を選びます。

③表示されている問題に解答した後、「解答」ボタンを選択すると解答が登録されます。

▶CheckLink 推奨環境

PC

推奨 OS
　Windows 7, 10 以降
　MacOS X 以降

推奨ブラウザ
　Internet Explorer 8.0 以上
　Firefox 40.0 以上
　Google Chrome 50 以上
　Safari

携帯電話・スマートフォン
　3G 以降の携帯電話（docomo, au, softbank）
　iPhone, iPad（iOS9 〜）
　Android OS スマートフォン、タブレット

・最新の推奨環境についてはウェブサイトをご確認ください。
・上記の推奨環境を満たしている場合でも、機種によってはご利用いただけない場合もあります。また、
　推奨環境は技術動向等により変更される場合があります。

▶CheckLink 開発

CheckLink は奥田裕司 福岡大学教授、正興 IT ソリューション株式会社、株式会社金星堂に
よって共同開発されました。

CheckLink は株式会社金星堂の登録商標です。

CheckLink の使い方に関するお問い合わせは…

正興ITソリューション株式会社　CheckLink 係

e-mail　checklink@seiko-denki.co.jp

目　次

10

Zhōngguó de zǎocān
中国的早餐

《目標》 1. したいこと（願望）を表現できる。
2. 動作・行動の「とき、場所、順序」を詳しく表現できる。

◆会话◆

DL 02 CD1-02

李さんは毎日、近所の朝食屋さんで朝ごはんを買って食べています。

小李：我 想 买 两 个 包子 和 一 杯 豆浆。
Wǒ xiǎng mǎi liǎng ge bāozi hé yì bēi dòujiāng.

店员：您 带回 家 吃，还是 在 店里 吃?
Nín dàihuí jiā chī, háishi zài diànli chī?

小李：带回 家 吃。一共 多少 钱?
Dàihuí jiā chī. Yígòng duōshao qián?

店员：八 块。还 要 别的 吗?
Bā kuài. Hái yào biéde ma?

小李：不 要 了。我 微信 支付。
Bú yào le. Wǒ wēixìn zhīfù.

店员：好 的。请 扫 这个 二维码。
Hǎo de. Qǐng sǎo zhèige èrwéimǎ.

DL 01 CD1-01

词汇 1
会话 早餐 zǎocān　　包子 bāozi　　豆浆 dòujiāng　　带 dài　　回 huí
还是 háishi　　微信 wēixìn　　支付 zhīfù　　好的 hǎo de　　请 qǐng
扫 sǎo　　二维码 èrwéimǎ
语法要点 进 jìn　　东西 dōngxi　　坐 zuò　　电车 diànchē　　天 tiān
晴 qíng　　打扫 dǎsǎo　　房间 fángjiān

◆语法要点◆

1 方向補語

 DL 03　CD1-03

	上 shàng	下 xià	进 jìn	出 chū	回 huí	过 guò	起 qǐ
来 lái	上来	下来	进来	出来	回来	过来	起来
去 qù	上去	下去	进去	出去	回去	过去	

1. 学生们　已经 回 家 去 了。
   Xuéshengmen　yǐjīng huí jiā qù　le.

2. 老师 走进 教室 来 了。
   Lǎoshī zǒujìn jiàoshì lái　le.

2 連動文【動詞句1＋動詞句2】― 動作の起こる順序

1. 我 去 商店　买 东西。　〔動詞句2（买东西）が動詞句1（去商店）の目的〕
   Wǒ qù shāngdiàn mǎi dōngxi.

2. 我　每天　坐 电车 去 学校。〔動詞句1（坐电车）が動詞句2（去学校）の手段〕
   Wǒ měitiān zuò diànchē qù xuéxiào.

3 変化を表す "了"

1. 天　晴 了。
   Tiān qíng le.

2. 我 不 去 了。
   Wǒ bú qù le.

4 "扫"

1. 你 快 打扫　房间！
   Nǐ kuài dǎsǎo fángjiān!

2. 我 扫 一下 这个 二维码。
   Wǒ sǎo yíxià zhèige èrwéimǎ.

 DL 04　CD1-04

関連単語（洋風の朝食）

牛奶 niúnǎi：牛乳	果汁 guǒzhī：ジュース	咖啡 kāfēi：コーヒー
面包 miànbāo：パン	吐司 tǔsī：トースト	煎鸡蛋 jiānjīdàn：目玉焼き
酸奶 suānnǎi：ヨーグルト	沙拉 shālā：サラダ	水果 shuǐguǒ：果物

◆短文◆

中国では、朝食は家で食べるものとは限りません。

中国　的　传统　早餐　有　油条、包子、豆浆　和　粥　等。
Zhōngguó　de　chuántǒng　zǎocān　yǒu　yóutiáo、　bāozi、　dòujiāng　hé　zhōu　děng.

不过，这样　的　早餐　大家　很　少　自己　做，一般　从　外面　买回来
Búguò，zhèyàng　de　zǎocān　dàjiā　hěn　shǎo　zìjǐ　zuò，　yìbān　cóng　wàimian　mǎihuílai

吃。"上班族"　的　年轻人　通常　在　上班　的　路上　或　在　办公室
chī.　"Shàngbānzú"　de　niánqīngrén　tōngcháng　zài　shàngbān　de　lùshang　huò　zài　bàngōngshì

吃　早餐。
chī　zǎocān.

词汇 2

短文 传统 chuántǒng：伝統的な

油条 yóutiáo：ヨウティアオ、細長い「揚げパン」のような食品

粥 zhōu：おかゆ　不过 búguò：でも、しかし　很少~ hěn shǎo~：めったに~ない

从 cóng：~から　上班族 shàngbānzú：通勤族　年轻人 niánqīngrén：若者

通常 tōngcháng：ふつう　路上 lùshang：途中　办公室 bàngōngshì：オフィス

练习 瓶 píng（量詞）：本（瓶に入ったもの）　枝 zhī（量詞）：本（細長いもの）

香港 Xiānggǎng：ホンコン　书包 shūbāo：かばん　作业 zuòyè：宿題

◆练习◆

1 次の空欄を埋めるのに最も適当なものを、それぞれ①〜④の中から１つ選びなさい。

(1) 你喝豆浆,（　　　）喝牛奶? 　　　　　　①也是　②还是　③就是　④都是

(2) 我想吃三（　　　）包子。 　　　　　　　　①瓶　　②枝　　③个　　④本

(3) （　　　）多少钱? 　　　　　　　　　　　①都　　②还　　③一共　④一下

2 日本語の意味になるように、それぞれ①〜④の語句を並べ替えなさい。

(1) みんなはめったに自分で朝ごはんを作らなくなった。

大家 ＿＿＿ ＿＿＿ ＿＿＿ ＿＿＿ 了。　　①早饭　②做　③自己　④很少

(2) 先生は歩いて教室を出て行った。

老师 ＿＿＿ ＿＿＿ ＿＿＿ ＿＿＿。　　①教室　②了　③去　④走出

(3) わたしは買って帰って家で食べたい。

我想 ＿＿＿ ＿＿＿ ＿＿＿ ＿＿＿。　　①在家　②吃　③回去　④买

3 次の日本語を中国語に訳して簡体字で書きなさい。

(1) わたしはコーヒーを１杯飲みたい。

(2) 彼女は家でごはんを食べます。

(3) 李さんは毎日電車で学校に行きます。

【リスニング】　　　　　　　　　　　　　　　　　🎧 DL 07　💿 CD1-07

4 中国語の問いを聞き、答えとして最も適当なものを、それぞれ①〜④の中から１つ選びなさい。〔問い、答えを書き取ってみよう〕

(1) （5字　　　　　　　　　　　）?

① （3字　　　　　）香港。　② （6字　　　　　　　　　　　　　）。

③ （3字　　　　　）包子。　④ （4字　　　　　　　）书包。

(2) （5字　　　　　　　　　　　）?

① （2字　　　　）做（2字　　　　　）。

② （3字　　　　　）跟别人（2字　　　　）。

③ （3字　　　　　）电车（1字　　）。

④ （3字　　　　　）。

15

第 2 课　坐出租车

《目標》 1. 結果補語を使って動作・行為の結果を表現できる。
　　　　 2. 助動詞でさまざまな「できる」を表現できる。

◆会话◆

李さんは今日空港へ行きます。ここからだとタクシーが便利なのですが…

小李 : 师傅，请 到 首都机场。
　　　　Shīfu, qǐng dào Shǒudūjīchǎng.

司机 : 好 的。 请 关上 车门，系好 安全带。
　　　　Hǎo de. Qǐng guānshàng chēmén, jìhǎo ānquándài.

小李 : 从 这儿 到 首都机场 大概 要 多长 时间？
　　　　Cóng zhèr dào Shǒudūjīchǎng dàgài yào duōcháng shíjiān?

司机 : 如果 不 堵车 的话，二十 分钟 可以 到。
　　　　Rúguǒ bù dǔchē dehuà, èrshí fēnzhōng kěyǐ dào.

小李 : 现在 路况 怎么样？ 堵车 吗？
　　　　Xiànzài lùkuàng zěnmeyàng? Dǔchē ma?

司机 : 这个 时间段 堵车 非常 厉害。
　　　　Zhèige shíjiānduàn dǔchē fēicháng lìhai.

词汇 1
会话 出租车 chūzūchē　　师傅 shīfu　　机场 jīchǎng　　司机 sījī　　关 guān 车门 chēmén　　系 jì　　安全带 ānquándài　　如果～（的话）rúguǒ~ (dehuà) 堵车 dǔ chē　　路况 lùkuàng　　怎么样 zěnmeyàng　　时间段 shíjiānduàn 厉害 lìhai **语法要点** 手机 shǒujī　　大衣 dàyī　　下雨 xià yǔ　　颜色 yánsè　　换 huàn 游泳 yóu yǒng　　游 yóu　　开车 kāi chē　　米 mǐ　　照相 zhào xiàng 厕所 cèsuǒ　　不断 búduàn　　努力 nǔlì　　到 dào　　消息 xiāoxi 飞快 fēikuài　　跑 pǎo

◆ 语法要点 ◆

1 結果補語【V＋結果】と方向補語の派生義　🎧 DL 10　💿 CD1-10

1. 你 的 手机 找到 了 吗?
   Nǐ de shǒujī zhǎodào le ma?

2. 我 找到 了。
   Wǒ zhǎodào le.

3. 我 还 没 找到。
   Wǒ hái méi zhǎodào.

4. 外面 很 冷, 你 穿上 大衣 吧！
   Wàimian hěn lěng, nǐ chuānshàng dàyī bà!

2 仮定の表現

1. 如果 明天 下 雨（的话）, 我 就 不 去 了。
   Rúguǒ míngtiān xià yǔ (dehuà), wǒ jiù bú qù le.

2. 如果 你 不 喜欢 这个 颜色（的话）, 可以 换 别的。
   Rúguǒ nǐ bù xǐhuan zhèige yánsè (dehuà), kěyǐ huàn biéde.

3 「できる」を表す助動詞 ☞ 第5課ポイント2 可能性を表す"会"。第11課ポイント2「得意」を表す"会"。

1. 我 会 游泳。
   Wǒ huì yóuyǒng.

2. 我 会 开车。
   Wǒ huì kāichē.

3. 我 能 游 五 百 米。
   Wǒ néng yóu wǔ bǎi mǐ.

4. 我 今天 能 开车。
   Wǒ jīntiān néng kāichē.

5. 这儿 可以 照相 吗?
   Zhèr kěyǐ zhàoxiàng ma?

6. 老师, 我 可以 去 厕所 吗?
   Lǎoshī, wǒ kěyǐ qù cèsuǒ ma?

4 連用修飾語を構成する"地" 短文

1. 我们 要 不断 地 努力 学习。
   Wǒmen yào búduàn de nǔlì xuéxí.

2. 听到 这个 消息, 她 飞快 地 跑了 出去。
   Tīngdào zhèige xiāoxi, tā fēikuài de pǎole chūqu.

🎧 DL 11　💿 CD1-11

関連単語（交通手段）　動詞＋目的語
坐 zuò：乗る＋（车 chē：車、車両　公交车 gōngjiāochē：バス　地铁 dìtiě：地下鉄
飞机 fēijī：飛行機　船 chuán：船　电梯 diàntī：エレベーター、エスカレーター）
骑 qí：（またがって）乗る＋（自行车 zìxíngchē：自転車　摩托车 mótuōchē：バイク）

◆短文◆

中国の大都市では道路の渋滞が大きな社会問題となっています。

现在， 中国 大城市 的 堵车 已经 成了 一 个 很 大 的
Xiànzài, Zhōngguó dàchéngshì de dǔchē yǐjīng chéngle yí ge hěn dà de

社会 问题。北京 市内 每天 堵车 的 时间 已经 超过 五 个
shèhuì wèntí. Běijīng shìnèi měitiān dǔchē de shíjiān yǐjīng chāoguò wǔ ge

小时，所以 人们 开 玩笑 地 称 首都 北京 "首堵"。据说，私家车
xiǎoshí, suǒyǐ rénmen kāi wánxiào de chēng shǒudū Běijīng "shǒudǔ". Jùshuō, sījiāchē

的 大量 增加 是 造成 堵车 的 主要 原因。
de dàliàng zēngjiā shì zàochéng dǔchē de zhǔyào yuányīn.

词汇 2

短文 大城市 dàchéngshì：大都市　　超过 chāoguò：超える

开玩笑 kāi wánxiào：冗談を言う　　称 chēng：(…を) ～と呼ぶ

据说 jùshuō：言うところによれば、～とのことである　　私家车 sījiāchē：マイカー

增加 zēngjiā：増加、増加する　　造成 zàochéng：～を作る、もたらす

练习 苹果 píngguǒ：りんご　　饺子 jiǎozi：ギョーザ　　聚会 jùhuì：集まり

18

◆练习◆

１ 次の空欄を埋めるのに最も適当なものを、それぞれ①〜④の中から１つ選びなさい。

(1) 你（　　　）你的自行车去吗?　　　　　　①骑　②坐　③打　④开

(2) 上车请系（　　　）安全带。　　　　　　　①了　②好　③完　④过

(3) 他飞快（　　　）跑了出去。　　　　　　　①地　②得　③像　④一样

２ 日本語の意味になるように、それぞれ①〜④の語句を並べ替えなさい。

(1) あなたの携帯電話は、もう見つかりましたか。

　　你 ＿＿＿ ＿＿＿ ＿＿＿ ＿＿＿ 了吗?　①已经　②手机　③的　④找到

(2) いま北京は渋滞がとても激しい。

　　现在 ＿＿＿ ＿＿＿ ＿＿＿ ＿＿＿。　　①非常　②厉害　③堵车　④北京

(3) これはすでに大きな問題になっています。

　　这个 ＿＿＿ ＿＿＿ ＿＿＿ ＿＿＿。　　①成了　②已经　③问题　④很大的

３ 次の日本語を中国語に訳して簡体字で書きなさい。

(1) もし明日雨が降ったら、わたしは行かないことにします。

(2) わたしは今日、車を運転できます。

(3) ここから空港までどれくらいの時間がかかりますか。

【リスニング】　　　　　　　　　　　　　　　　　　🎧 DL 14　◎ CD1-14

４ 中国語の問いを聞き、答えとして最も適当なものを、それぞれ①〜④の中から
　１つ選びなさい。〔問い、答えを書き取ってみよう〕

(1) （1字　　　）吃完（2字　　　　　　　）?

　　① （8字　　　　　　　　　　　　　　　　　　　　） 的苹果。

　　② 饺子（4字　　　　　　　　　）。

　　③ （5字　　　　　　　　　　　　）。

　　④ （8字　　　　　　　　　　　　　　　　　　）。

(2) （3字　　　　　　　） 聚会,（4字　　　　　　　　　　　）。

　　① 要是（3字　　　　　　　）,（4字　　　　　　　　　　）。

　　② 昨天（5字　　　　　　　　　　　　　　）家聚会了。

　　③ 明天（3字　　　　　　　）生日。

　　④ （8字　　　　　　　　　　　　　　　　　　　　）?

19

第3课 "昂贵"的咖啡

《目標》 1. 兼語文で招待や使役のニュアンスを表現できる。
2. "不起" で金銭的な負担に耐えられない意味の「～できない」を表現できる。

◆会话◆

DL 16 CD1-16

李さんは留学生の麻美さんを誘って、中国でも人気のカフェにコーヒーを飲みに行く予定です。

小李：麻美，你 后天 有 时间 吗?
Máměi, nǐ hòutiān yǒu shíjiān ma?

麻美：有 啊，你 有 什么 事儿?
Yǒu a, nǐ yǒu shénme shìr?

小李：我 想 请 你 去 星巴克 喝 咖啡。
Wǒ xiǎng qǐng nǐ qù Xīngbākè hē kāfēi.

麻美：太 好 了。不过，我 听说 中国 的 星巴克 很 贵。
Tài hǎo le. Búguò, wǒ tīngshuō Zhōngguó de Xīngbākè hěn guì.

小李：别 担心。偶尔 喝 一 次 没关系。
Bié dānxīn. Ǒu'ěr hē yí cì méiguānxi.

麻美：那 真的 太 谢谢 你 了，我 很 喜欢 星巴克。
Nà zhēnde tài xièxie nǐ le, wǒ hěn xǐhuan Xīngbākè.

DL 15 CD1-15

词汇 1

会话 昂贵 ángguì　请 qǐng　星巴克 Xīngbākè　太～了 tài~le

听说 tīng shuō　别 bié　担心 dān xīn　偶尔 ǒu'ěr　真的 zhēnde

语法要点 电影 diànyǐng　让 ràng　背 bèi　课文 kèwén　玩儿 wánr

游戏 yóuxì　越来越 yuèláiyuè　有意思 yǒu yìsi　平时 píngshí

对～来说 duì ~ láishuō　房子 fángzi

◆語法要点◆

1 兼語文 ☞ 第8課ポイント3 "有"の兼語文。　🎧 DL 17 💿 CD1-17

1. 我　请　你　看　电影。
   Wǒ qǐng nǐ kàn diànyǐng.

2. 老师　让　学生　背　课文。
   Lǎoshī ràng xuésheng bèi kèwén.

3. 妈妈　不　让　我　玩儿　游戏。
   Māma bú ràng wǒ wánr yóuxì.

2 "越来越～" 短文

1. 天气　越来越　热　了。
   Tiānqì yuèláiyuè rè le.

2. 汉语　越来越　有　意思　了。
   Hànyǔ yuèláiyuè yǒu yìsi le.

3 V ＋ "不起" 短文 ☞ 第11課ポイント1 可能補語。

1. 这样　的　菜　我　平时　吃不起。
   Zhèyàng de cài wǒ píngshí chībuqǐ.

2. 这么　贵　的　手机　我　买不起。
   Zhème guì de shǒujī wǒ mǎibuqǐ.

4 "对～来说" 短文

1. 对　我　来　说，这个　电影　很　有　意思。
   Duì wǒ lái shuō, zhèige diànyǐng hěn yǒu yìsi.

2. 对　很　多　中国人　来　说，　大城市　的　房子　越来越　买不起　了。
   Duì hěn duō Zhōngguórén lái shuō, dàchéngshì de fángzi yuèláiyuè mǎibuqǐ le.

🎧 DL 18 💿 CD1-18

関連単語（衣食住の "实惠" なブランド）
优衣库（七分裤）Yōuyīkù (qīfēnkù)：ユニクロ（七分丈パンツ） 无印良品（短袖Ｔ恤）Wúyìnliángpǐn (duǎnxiù tīxù)：無印良品（半袖Ｔシャツ） 哈根达斯（冰淇淋）Hāgēndásī (bīngqílín)：ハーゲンダッツ（アイスクリーム） 馥颂（红茶）Fùsòng (hóngchá)：フォション（紅茶） 宜家（沙发）Yíjiā (shāfā)：イケア（ソファー）

◆短文◆

今、中国の都市部ではコーヒーの人気が高まっており、美味しいコーヒーを飲むことが
できますが、値段は決して安くはなく、新しい贅沢品と言えるでしょう。

DL 20　CD1-20

星巴克 是 1999 年 来到 中国 的，到 2020 年 已经 在
Xīngbākè shì yī jiǔ jiǔ jiǔ nián láidào Zhōngguó de, dào èr líng èr líng nián yǐjīng zài

中国 有 4800 多 家 店 了。喜欢 星巴克 的 人 越来越 多，
Zhōngguó yǒu sì qiān bā bǎi duō jiā diàn le. Xǐhuan Xīngbākè de rén yuèláiyuè duō,

但 很 多 大学生 说 他们 喝不起 星巴克。因为 星巴克 的 一 杯
dàn hěn duō dàxuéshēng shuō tāmen hēbuqǐ Xīngbākè. Yīnwèi Xīngbākè de yì bēi

咖啡 要 花 22 块钱，这些 钱 几乎 是 他们 一 天 的 伙食费。
kāfēi yào huā èrshíèr kuàiqián, zhèxiē qián jīhū shì tāmen yì tiān de huǒshífèi.

DL 19　CD1-19

词汇 2

短文 家 jiā（量詞）：軒（会社や店舗）

喝不起 hēbuqǐ（可能補語）：飲むことができない　　要 yào：しなければならない

花 huā：使う、費やす　　几乎 jīhū：ほとんど、大体　　伙食费 huǒshífèi：食費

练习 忙 máng：忙しい　　得 děi：〜しなければならない　　医院 yīyuàn：病院

应该 yīnggāi：〜すべきである

22

◆练习◆

1 次の空欄を埋めるのに最も適当なものを、それぞれ①〜④の中から1つ選びなさい。

(1) 你有（　　　）事儿?　　　　　　　　①怎么　②什么　③什么样　④怎么样

(2) 这件衣服太贵了，我买（　　　）。　①不到　②不了　③不起　④不惯

(3) 老师（　　　）学生背课文。　　　　①在　　②被　　③对　　④让

2 日本語の意味になるように、それぞれ①〜④の語句を並べ替えなさい。

(1) わたしたちはスーパーの入り口で会いましょう。

我们 ＿＿＿＿ ＿＿＿＿ ＿＿＿＿ ＿＿＿＿ 吧。　①门口　　②见　　③超市　④在

(2) これはほとんどわたしの1ヶ月の給料です。

这 ＿＿＿＿ ＿＿＿＿ ＿＿＿＿ ＿＿＿＿ 工资。　①是　　②的　③我一个月　④几乎

(3) わたしは彼をランチに招待したい。

我 ＿＿＿＿ ＿＿＿＿ ＿＿＿＿ ＿＿＿＿。　　①吃午饭　②想　　③请　　④他

3 次の日本語を中国語に訳して簡体字で書きなさい。

(1) 彼は5千メートル泳げるそうですね。

(2) こんな高いコートはわたしは買えない。

(3) 天気がますます暑くなってきた。

【リスニング】　　　　　　　　　　　　　　　　　　🎧 DL 21　◎ CD1-21

4 中国語の問いを聞き、答えとして最も適当なものを、それぞれ①〜④の中から
1つ選びなさい。〔問い、答えを書き取ってみよう〕

(1)　你后天（5字　　　　　　　　　　　　）?

①　我昨天（3字　　　　　　　）。

②　（5字　　　　　　　　　　　　）。

③　（4字　　　　　　　　　）六个小时工。

④　（5字　　　　　　　　　　　）得去医院。

(2)　（4字　　　　　　　　）事儿（1字　　　）?

①　（6字　　　　　　　　　　　　　）问题，行吗?

②　（6字　　　　　　　　　　　　　　）。

③　（3字　　　　　　），（3字　　　　　　　　）应该做的。

④　（4字　　　　　　　　）?

23

Ēi'ēizhì hé ēibìzhì
AA制和 AB制

《目標》 1. 受身表現で誰かに何かをされる・されたことを説明できる。
2. 複文（"不但～（而且）还…"）で複数の特徴を伝えることができる。

◆会话◆

🎧 DL 23 ◎ CD1-23

李さんと麻美さんは美味しい料理を食べた後、どう支払うかでちょっとした言い争いになりかけたようです。

小李 ：麻美，你 觉得 今天 的 菜 怎么样?
　　　　Máměi, nǐ juéde jīntiān de cài zěnmeyàng?

麻美 ：很 好吃。你 看，菜 都 被 我 一 个 人 吃光 了。
　　　　Hěn hǎochī. Nǐ kàn, cài dōu bèi wǒ yí ge rén chīguāng le.

小李 ：那 我 去 买单，好 吗?
　　　　Nà wǒ qù mǎidān, hǎo ma?

麻美 ：好。多少 钱 ? 我们 AA制 吧。
　　　　Hǎo. Duōshao qián? Wǒmen ēi'ēizhì ba.

小李 ： 朋友 之间 没有 AA制。今天 我 请 你。
　　　　Péngyou zhījiān méiyǒu ēi'ēizhì. Jīntiān wǒ qǐng nǐ.

麻美 ：不行。你 如果 不 同意 AA制，那 我们 AB制 吧。
　　　　Bùxíng. Nǐ rúguǒ bù tóngyì ēi'ēizhì, nà wǒmen ēibìzhì ba.

小李 ：不要 争 了，就 这样 吧。下次 你 请 我。
　　　　Búyào zhēng le, jiù zhèyàng ba. Xiàcì nǐ qǐng wǒ.

麻美 ：好 的。今天 太 谢谢 你 了。
　　　　Hǎo de. Jīntiān tài xièxie nǐ le.

🎧 DL 22 ◎ CD1-22

词汇 1

会话 被 bèi　　光 guāng　　买单 mǎi dān　　AA制 ēi'ēizhì　　行 xíng

AB制 ēibìzhì　　不要 búyào　　争 zhēng

语法要点 批评 pīpíng　　钱包 qiánbāo　　偷 tōu　　走 zǒu　　树 shù

台风 táifēng　　刮 guā　　倒 dǎo　　抽烟 chōu yān　　不但 búdàn

～过 ~guo　　而且 érqiě

◆ 语法要点 ◆

▮1 受け身の表現

1. 我 被 老师 批评 了。
   Wǒ bèi lǎoshī pīpíng le.

2. 我 的 钱包 被 偷走 了。
   Wǒ de qiánbāo bèi tōuzǒu le.

3. 公园里 的 树 被 台风 刮倒 了。
   Gōngyuánli de shù bèi táifēng guādǎo le.

▮2 "吧"

1. 我们 一起 吃 饭 吧。
   Wǒmen yìqǐ chī fàn ba.

2. 你 先 说 吧。
   Nǐ xiān shuō ba.

▮3 禁止を表す語

1. 不要 说话。
   Búyào shuōhuà.

2. 别 抽烟 了。
   Bié chōuyān le.

▮4 "不但～，还…"（"不但～，而且…"） 短文

1. 佐佐木 不但 去过 中国, 还 去过 美国。
   Zuǒzuǒmù búdàn qùguo Zhōngguó, hái qùguo Měiguó.

2. 她 不但 会 说 汉语, 而且 还 会 说 英语。
   Tā búdàn huì shuō Hànyǔ, érqiě hái huì shuō Yīngyǔ.

関連語句（食べることに関連する語句）

AA制 ēi'ēizhì：均等な割り勘

AB制 ēibìzhì：より多く消費・享受する人、あるいは年齢や立ち場が上の人の方が
　　　　　　　より多く支払う不均等な割り勘

光盘行动 guāngpán xíngdòng：残さず食べること、完食キャンペーン

绿色食品 lǜsè shípǐn：自然食品、中国の国家健康安全食品標準の認証取得食品

25

◆短文◆

友人・知人が集まって外食した時に、中国の人はどのように支払うのでしょう。

中国人　热情、好客，所以　在　中国　的　传统　文化　中
Zhōngguórén rèqíng、 hàokè, suǒyǐ zài Zhōngguó de chuántǒng wénhuà zhōng

没有　AA制。在　中国　通常　的　作法　是：这次　你　请客，下次
méiyǒu ēi'ēizhì. Zài Zhōngguó tōngcháng de zuòfǎ shì : zhècì nǐ qǐngkè, xiàcì

我　请客，大家　轮流　请。不过，最近，不但　实行　AA制　的
wǒ qǐngkè, dàjiā lúnliú qǐng. Búguò, zuìjìn, búdàn shíxíng ēi'ēizhì de

年轻人　越来越　多，在　AA制　的　基础上，还　出现了　AB制。
niánqīngrén yuèláiyuè duō, zài ēi'ēizhì de jīchǔshang, hái chūxiànle ēibìzhì.

词汇 2

短文 热情 rèqíng：親切である　　好客 hàokè：もてなし好きである

作法 zuòfǎ：作法、やり方　　请客 qǐng kè：招く、おごる、ごちそうする

轮流 lúnliú：順番に　　实行 shíxíng：実行する　　基础 jīchǔ：基礎

练习 拿 ná：持つ、とる　　舒服 shūfu：気分が良い　　辣 là：辛い

◆练习◆

1 次の空欄を埋めるのに最も適当なものを、それぞれ①〜④の中から1つ選びなさい。

(1) 你觉得这部电影（　　　）?　　　　　　①为什么　②什么　③什么样　④怎么样

(2) （　　　）有问题的话，就给我打电话。　①如果　②虽然　③因为　　④所以

(3) 他不但会说汉语，（　　　）还会说日语。①也是　②又是　③而且　　④虽然

2 日本語の意味になるように、それぞれ①〜④の語句を並べ替えなさい。

(1) わたしの本は友だちに持っていかれました。

　　我的书 ＿＿＿＿ ＿＿＿＿ ＿＿＿＿ ＿＿＿＿ 了。①朋友　　②走　　③拿　　④被

(2) 最近割り勘をする若者がますます多い。

　　最近实行 ＿＿＿＿ ＿＿＿＿ ＿＿＿＿ ＿＿＿＿。①越来越多 ②AA制 ③年轻人 ④的

(3) あなたはこの服をどう思いますか。

　　你 ＿＿＿＿ ＿＿＿＿ ＿＿＿＿ ＿＿＿＿ ?　　　①衣服　②怎么样　③这件　④觉得

3 次の日本語を中国語に訳して簡体字で書きなさい。

(1) わたしは先生に叱られました。

(2) わたしたちは一緒に歌をうたいましょう。

(3) おしゃべりをしてはいけません。

【リスニング】　　　　　　　　　　　　　　　　　　　　　🎧 DL 28　◎ CD1-28

4 中国語の問いを聞き、答えとして最も適当なものを、それぞれ①〜④の中から
　1つ選びなさい。〔問い、答えを書き取ってみよう〕

(1)　今天的菜怎么样?

　　①　（2字　　　　　）舒服。　　　　②　（5字　　　　　　　　　　　）。

　　③　（3字　　　　　　）辣。　　　　④　（3字　　　　　　）饺子。

(2)　（5字　　　　　　　　　　）！

　　①　对,（2字　　　　）玩儿游戏。

　　②　他很会（3字　　　　　　）。

　　③　（2字　　　）开车（1字　　）。

　　④　（5字　　　　　　　　　　）意思。

27

第 5 课

Lā dùzi
拉肚子

《目標》 1. さまざまな身体的、健康上の不調を説明できる。
2. 「いつ、どこで、誰と、何を、どのように」したかを "是~的" 構文で強調できる。

◆会话◆

DL 30　CD1-30

留学生の麻美さんは体調を崩し、中国の病院に初めて行きました。

大夫：你　怎么　了?　哪儿　不　舒服?
　　　Nǐ　zěnme　le?　Nǎr　bù　shūfu?

麻美：我　胃　疼、恶心、拉　肚子、没有　食欲。
　　　Wǒ　wèi　téng、ěxin、lā　dùzi、méiyǒu　shíyù.

大夫：你　这　种　症状　是　从　什么　时候　开始　的?
　　　Nǐ　zhè　zhǒng　zhèngzhuàng　shì　cóng　shénme　shíhou　kāishǐ　de?

麻美：是　从　昨天　晚上　开始　的。
　　　Shì　cóng　zuótiān　wǎnshang　kāishǐ　de.

大夫：你　昨天　晚饭　都　吃　什么　了?
　　　Nǐ　zuótiān　wǎnfàn　dōu　chī　shénme　le?

麻美：吃了　烤肉、冷面　和　甜点，喝了　几　杯　啤酒。
　　　Chīle　kǎoròu、lěngmiàn　hé　tiándiǎn，hēle　jǐ　bēi　píjiǔ.

大夫：先　打　一　针　吧。打完　针　马上　就　会　好　的。
　　　Xiān　dǎ　yì　zhēn　ba.　Dǎwán　zhēn　mǎshàng　jiù　huì　hǎo　de.

麻美：好　的。谢谢　您，大夫！
　　　Hǎo　de.　Xièxie　nín，dàifu!

DL 29　CD1-29

词汇 1

会话 疼 téng　　恶心 ěxin　　拉肚子 lā dùzi　　食欲 shíyù

症状 zhèngzhuàng　　烤肉 kǎoròu　　冷面 lěngmiàn　　甜点 tiándiǎn

啤酒 píjiǔ　　打针 dǎ zhēn　　马上 mǎshàng　　大夫 dàifu

语法要点 大概 dàgài　　肯定 kěndìng　　高兴 gāoxìng

◆語法要点◆

1 "是〜的" 構文

1. 你（是）在 哪儿 学 的 汉语?
   Nǐ (shì) zài nǎr xué de Hànyǔ?

2. 我（是）在 北京 学 的 汉语。
   Wǒ (shì) zài Běijīng xué de Hànyǔ.

2 可能性を表す "会"

1. 他 大概 不 会 来 了 吧。☞ 第2課ポイント3「できる」を表す助動詞。第11課ポイント2
   Tā dàgài bú huì lái le ba.   「得意」を表す"会"。

2. 听到 这个 消息，他 肯定 会 很 高兴。☞ 第2課ポイント1結果補語。
   Tīngdào zhèige xiāoxi, tā kěndìng huì hěn gāoxìng.

3 疑問詞＋"也・都" 短文

1. 谁 都 可以 参加。
   Shéi dōu kěyǐ cānjiā.

2. 我 吃 什么 都 可以。
   Wǒ chī shénme dōu kěyǐ.

3. 我 哪儿 也 不 想 去。
   Wǒ nǎr yě bù xiǎng qù.

4 様態補語と比較文 短文

1. 他 汉语 说得 比 我 好得多。
   Tā Hànyǔ shuōde bǐ wǒ hǎodeduō.

2. 我 汉语 说得 没有 你 说得（这么）好。
   Wǒ Hànyǔ shuōde méiyǒu nǐ shuōde (zhème) hǎo.

関連語句（病状）

头疼 tóuténg：頭痛がする   发烧 fā shāo：熱が出る   咳嗽 késou：咳が出る

骨折 gǔzhé：骨折する   晕车 yùn chē：乗物に酔う

烫伤 tàngshāng：やけどを負う   打喷嚏 dǎ pēntì：くしゃみをする

◆短文◆

中国の病院事情も日本の病院事情も個別のケースはさまざまですが、李さんはどんな
見解を持っているのでしょうか。

中国　　的　医院　星期六、星期天　和　节假日　都　不　休息，
Zhōngguó　de　yīyuàn　xīngqīliù、xīngqītiān　hé　jiéjiàrì　dōu　bù　xiūxi,

急诊科　二十四　小时　值班，什么　时候　都　可以　去　看病。这　比
jízhěnkē　èrshisì　xiǎoshí　zhíbān,　shénme　shíhou　dōu　kěyǐ　qù　kànbìng. Zhè　bǐ

日本　的　医院　方便得多。和　日本　的　医生　不　一样，中国　的
Rìběn　de　yīyuàn　fāngbiàndeduō. Hé　Rìběn　de　yīshēng　bù　yíyàng, Zhōngguó　de

医生　认为　打　点滴　见效　快，所以　如果　感冒　发烧　了，医生
yīshēng　rènwéi　dǎ　diǎndī　jiànxiào　kuài,　suǒyǐ　rúguǒ　gǎnmào　fāshāo　le,　yīshēng

常常　会　给　你　打　点滴。
chángcháng　huì　gěi　nǐ　dǎ　diǎndī.

词汇2

短文 节假日 jiéjiàrì：休祝日　　急诊科 jízhěnkē：救急診療

值班 zhí bān：当直する　看病 kàn bìng：受診・診察する　方便 fāngbiàn：便利である

和～一样 / 不一样 hé～yíyàng/bù yíyàng：～と同じである／同じでない

医生 yīshēng：医師　认为 rènwéi：～だと考える　打点滴 dǎ diǎndī：点滴をする

见效 jiànxiào：効果が現れる　快 kuài：速い　所以 suǒyǐ：だから

感冒 gǎnmào：風邪をひく

练习 离 lí：～から　穿 chuān：着る、履く　西服 xīfú：洋服、スーツ

图书馆 túshūguǎn：図書館　课本 kèběn：テキスト　午饭 wǔfàn：昼ごはん

30

◆练习◆

1 次の空欄を埋めるのに最も適当なものを、それぞれ①〜④の中から1つ選びなさい。

(1) 这种症状（　　）早上开始的。　　　　　　　　①从　②离　③跟　④在

(2) 谁（　　）可以去。　　　　　　　　　　　　　①在　②太　③就　④都

(3) 你是在哪儿学汉语（　　）?　　　　　　　　　①得　②的　③了　④呢

2 日本語の意味になるように、それぞれ①〜④の語句を並べ替えなさい。

(1) わたしはどこにも行きたくない。

我 ＿＿＿＿ ＿＿＿＿ ＿＿＿＿ ＿＿＿＿ 。　　　①去　②也　③不想　④哪儿

(2) 彼は中国語がわたしよりもずっと上手だ。

他 ＿＿＿＿ ＿＿＿＿ ＿＿＿＿ ＿＿＿＿ !　　　①说得　②好得多　③汉语　④比我

(3) 医者は点滴を打つのが効果がはやいと考えている。

医生 ＿＿＿＿ ＿＿＿＿ ＿＿＿＿ ＿＿＿＿ 。　　　①见效　②打点滴　③快　④认为

3 次の日本語を中国語に訳して簡体字で書きなさい。

(1) わたしは何も食べたくありません。

(2) 今日彼女は来ないだろう。

(3) あなたは昨日の晩ごはんに何と何を食べましたか。

【リスニング】　　　　　　　　　　　　　　　　　　🎧 DL 35　💿 CD1-35

4 中国語の問いを聞き、答えとして最も適当なものを、それぞれ①〜④の中から
　1つ選びなさい。〔問い、答えを書き取ってみよう〕

(1) （6字　　　　　　　　　　　　　）?

　　① （5字　　　　　　　　　）。　② （4字　　　　　　　　　）不想去。

　　③ （2字　　　　　　）西服。　　④ （5字　　　　　　　　　　）。

(2) 早上（6字　　　　　　　　　　　　　）?

　　① （6字　　　　　　　　　　　　）课本。

　　② （2字　　　　　）、苹果和（4字　　　　　　　　　）。

　　③ 午饭（5字　　　　　　　　　　）?

　　④ 你想吃什么，（5字　　　　　　　　　　　）。

31

第6課 网购
Wǎnggòu

《目標》　1.「なにか、いくつか」のような不定のモノ、数などを表現できる。
　　　　　 2. "把" 構文で話し手・聞き手ともに承知している対象への動作・行為を表現できる

◆会话◆

DL 37　CD1-37

熱心にスマホの画面に見入っている李さん、てっきりゲームをしているのかと思った麻美さんでしたが…

麻美：你 在 干 什么? 在 玩儿 游戏 吗?
　　　Nǐ zài gàn shénme? Zài wánr yóuxì ma?

小李：没有。我 在 网上 购物 呢。
　　　Méiyou. Wǒ zài wǎngshang gòuwù ne.

麻美：你 想 买 什么 东西?
　　　Nǐ xiǎng mǎi shénme dōngxi?

小李：我 想 买 几 本 书、一 个 背包 和 一 张 电影票。
　　　Wǒ xiǎng mǎi jǐ běn shū, yí ge bēibāo hé yì zhāng diànyǐngpiào.

麻美：电影票 也 能 在 网上 买 吗?
　　　Diànyǐngpiào yě néng zài wǎngshang mǎi ma?

小李：当然 能。在 购物 网站 什么 都 能 买到。
　　　Dāngrán néng. Zài gòuwù wǎngzhàn shénme dōu néng mǎidào.

麻美：那 价钱 怎么样，便宜 吗?
　　　Nà jiàqian zěnmeyàng, piányi ma?

小李：非常 便宜。电影票 便宜 的 时候 打 一 折。
　　　Fēicháng piányi. Diànyǐngpiào piányi de shíhou dǎ yì zhé.

DL 36　CD1-36

词汇 1
会话 网购 wǎnggòu　　在 zài　　网上 wǎngshang　　购物 gòuwù　　背包 bēibāo
电影票 diànyǐngpiào　　网站 wǎngzhàn　　价钱 jiàqian　　打折 dǎ zhé
语法要点 好像 hǎoxiàng　　西班牙语 Xībānyáyǔ　　意大利语 Yìdàlìyǔ
停 tíng　　出发 chūfā　　放 fàng　　冰箱 bīngxiāng

◆语法要点◆

1 不定の表現　疑問を表さない疑問代名詞

1. 你 想 喝 点儿 什么 吗?
   Nǐ xiǎng hē diǎnr shénme ma?

2. 教室里 好像 有 几 个 学生。
   Jiàoshìli hǎoxiàng yǒu jǐ ge xuésheng.

2 "不是～，而是…" 短文

1. 他 不 是 中国人，而 是 日本人。
   Tā bú shì Zhōngguórén, ér shì Rìběnrén.

2. 他 说 的 不 是 西班牙语，而 是 意大利语。
   Tā shuō de bú shì Xībānyáyǔ, ér shì Yìdàlìyǔ.

3 "等～，再…" 短文

1. 等 爸爸 回来 再 吃 饭。
   Děng bàba huílai zài chī fàn.

2. 等 雨 停 了，我们 再 出发。
   Děng yǔ tíng le, wǒmen zài chūfā.

4 "把" 構文 短文

1. 你 把 牛奶 放在 冰箱里 吧。
   Nǐ bǎ niúnǎi fàngzài bīngxiāngli ba.　☞ 第8課ポイント 2 後置される介詞。

2. 你 快 把 这 杯 茶 喝 了。
   Nǐ kuài bǎ zhè bēi chá hē le.

関連語句（通信・ネット用語）

电脑 diànnǎo：パソコン　　上网 shàng wǎng：インターネットをする

下载 xiàzǎi：ダウンロードする　　上载 shàngzǎi：アップロードする

发(电子)邮件 fā (diànzǐ) yóujiàn：電子メールを送る　　乱码 luànmǎ：文字化け

垃圾邮件 lājī yóujiàn：迷惑メール

笔记本(电脑) bǐjìběn (diànnǎo)：ノートパソコン　　聊天儿 liáotiānr：チャットする

邮箱 yóuxiāng：メールボックス　　电子邮件地址 diànzǐ yóujiàn dìzhǐ：メールアドレス

◆短文◆

中国のネットショッピングはさまざまなタイプがあり、サービスも大変充実しています。変化のスピードも早いようですが、ここでは一例を見てみましょう。 DL 41 CD1-41

在 中国 网上 购物 非常 流行。网上 购物 简称
Zài Zhōngguó wǎngshang gòuwù fēicháng liúxíng. Wǎngshang gòuwù jiǎnchēng

“网购”。中国 的 “网购” 和 日本 的 不 一样。买方 不 是 直接
“wǎnggòu”. Zhōngguó de “wǎnggòu” hé Rìběn de bù yíyàng. Mǎifāng bú shì zhíjiē

把 钱 付给 卖方，而 是 付到 一 个 中介 机构。等 买方 收到
bǎ qián fùgěi màifāng, ér shì fùdào yí ge zhōngjiè jīgòu. Děng mǎifāng shōudào

货物 后，再 通知 中介 机构 把 钱 付给 卖方。“网购”中 有
huòwù hòu, zài tōngzhī zhōngjiè jīgòu bǎ qián fùgěi màifāng. “Wǎnggòu”zhōng yǒu

一 项 服务 叫“团购”。“团购”的 价格 非常 便宜，比如，有
yí xiàng fúwù jiào “tuángòu”. “Tuángòu” de jiàgé fēicháng piányi, bǐrú, yǒu

时候 一 张 八十 块钱 的 电影票，十五 块钱 就 能 买到。
shíhou yì zhāng bāshí kuàiqián de diànyǐngpiào, shíwǔ kuàiqián jiù néng mǎidào.

DL 40 CD1-40

词汇 2

短文 简称～ jiǎnchēng～：～と略称する　买方 mǎifāng：買い手、顧客

直接 zhíjiē：直接　付 fù：支払う　卖方 màifāng：売り手

中介 zhōngjiè：仲介（の）　机构 jīgòu：組織　收到 shōudào：受け取る

货物 huòwù：品物　项 xiàng（量詞）：個、項目　服务 fúwù：サービス

价格 jiàgé：価格　比如 bǐrú：たとえば

练习 法语 Fǎyǔ：フランス語　东京 Dōngjīng：東京

◆练习◆

1 次の空欄を埋めるのに最も適当なものを、それぞれ①～④の中から１つ選びなさい。

(1) 中国的"网购"（　　　）日本不一样。　　　①也　　②和　　③都　　④像

(2) 他说的（　　　）英语，而是法语。　　　①不是　②也是　③就是　④还是

(3) 图书馆里好像（　　　）很多学生。　　　①在　　②坐　　③来　　④有

2 日本語の意味になるように、それぞれ①～④の語句を並べ替えなさい。

(1) あのスーパーは値段がとっても安い。

　　那家 ＿＿＿＿ ＿＿＿＿ ＿＿＿＿ ＿＿＿＿ 。　　①便宜　②非常　③价格　④超市

(2) わたしは本を何冊か買いたい。

　　我想 ＿＿＿＿ ＿＿＿＿ ＿＿＿＿ ＿＿＿＿ 。　　①本　　②买　　③书　　④几

(3) お母さんが帰ってきてからごはんを食べましょう。

　　等 ＿＿＿＿ ＿＿＿＿ ＿＿＿＿ ＿＿＿＿ 。　　①再　　②回来　③吃饭　④妈妈

3 次の日本語を中国語に訳して簡体字で書きなさい。

(1) あなたは映画のチケットをどこに置いたの。

(2) 彼が話すのは日本語ではなくて中国語です。

(3) あなたは少し何か飲みますか。

【リスニング】　　　　　　　　　　　　　　　　　　🎧DL 42　◎CD1-42

4 中国語の問いを聞き、答えとして最も適当なものを、それぞれ①～④の中から
１つ選びなさい。〔問い、答えを書き取ってみよう〕

(1) （2字　　　　　） 牛奶（5字　　　　　　　　　　　　）？

　　① （2字　　　　） 东京（1字　　　）。

　　② （4字　　　　　　　） 喝（2字　　　　　）。

　　③ 有啊，（5字　　　　　　　　　　　）。

　　④ （6字　　　　　　　　　　　　）。

(2) （7字　　　　　　　　　　　　　　） 非常流行。

　　① （7字　　　　　　　　　　　　　　　），就知道吃。

　　② （2字　　　　　）？你也（7字　　　　　　　　　　　　　　　）吗?

　　③ 对，（5字　　　　　　　　　　　）。

　　④ （5字　　　　　　　　　　） 写作业。

35

第 7 课　"剩男"、"剩女"

《目標》 1. "怎么" で「どのように」と「なぜ」を尋ね、それに答えることができる。
2. "为了" の介詞フレーズで動作・行動の目的を表現できる。

◆会话◆

DL 44　CD1-44

日本の七夕は中国由来の伝統行事のひとつですが、今の中国では新しい意味を持つ記念日でもあると耳にした麻美さんは、李さんに聞いてみることにしました。

麻美 ： 听说 七夕 被 称为 中国 的 情人节，是 吗?
Tīngshuō Qīxī bèi chēngwéi Zhōngguó de Qíngrénjié, shì ma?

小李 ： 对，这 种 说法 以前 没有，是 最近 才 开始 的。
Duì, zhè zhǒng shuōfǎ yǐqián méiyǒu, shì zuìjìn cái kāishǐ de.

麻美 ： 昨天 是 七夕，你 是 怎么 过 的?
Zuótiān shì Qīxī, nǐ shì zěnme guò de?

小李 ： 我 昨天 在 家 听着 音乐 看 小说，还 写了 作业。
Wǒ zuótiān zài jiā tīngzhe yīnyuè kàn xiǎoshuō, hái xiěle zuòyè.

麻美 ： 你 怎么 没 和 女朋友 一起 出去 玩儿?
Nǐ zěnme méi hé nǚpéngyou yìqǐ chùqu wánr?

小李 ： 我们 早就 分手 了。她 说 我们 两 个 不 合适。
Wǒmen zǎojiù fēnshǒu le. Tā shuō wǒmen liǎng ge bù héshì.

麻美 ： 那 现在 什么样 的 男孩儿 比较 受 欢迎?
Nà xiànzài shénmeyàng de nánháir bǐjiào shòu huānyíng?

小李 ： 现在 "高富帅" 是 很 多 女孩儿 的 追求 目标。
Xiànzài "gāofùshuài" shì hěn duō nǚháir de zhuīqiú mùbiāo.

DL 43　CD1-43

词汇 1

会话 剩男 shèngnán　　剩女 shèngnǔ　　七夕 Qīxī　　称为 chēngwéi

情人节 Qíngrénjié　　怎么 zěnme　　一直 yìzhí　　女朋友 nǚpéngyou

早就 zǎojiù　　分手 fēn shǒu　　合适 héshì　　受欢迎 shòu huānyíng

高富帅 gāo fù shuài　　追求 zhuīqiú　　目标 mùbiāo

语法要点 站 zhàn　　外语 wàiyǔ　　友谊 yǒuyì　　干杯 gān bēi

36

◆語法要点◆

1 "才"のニュアンス

1. 他 昨天 晚上 十二 点 才 睡觉。
   Tā zuótiān wǎnshang shí'èr diǎn cái shuìjiào.

2. 这 本 书 我 看了 五 遍 才 看懂。
   Zhè běn shū wǒ kànle wǔ biàn cái kàndǒng.　☞ 第9課ポイント4 「動作量の表わし方」。

2 "怎么"

1. 你 是 怎么 来 的?
   Nǐ shì zěnme lái de?

2. 我 是 开车 来 的。
   Wǒ shì kāichē lái de.

3. 他 怎么 来得 这么 晚?
   Tā zěnme láide zhème wǎn?

4. 你 怎么 不 说话?
   Nǐ zěnme bù shuōhuà?

3 状態の持続を表す"着"

1. 教室 的 门 开着。
   Jiàoshì de mén kāizhe.

2. 他 站着 吃 饭。
   Tā zhànzhe chī fàn.

4 "为了" 短文

1. 为了 学好 外语, 我 要 不断 地 努力。
   Wèile xuéhǎo wàiyǔ, wǒ yào búduàn de nǔlì.

2. 为了 中 日 两 国 的 友谊, 干杯!
   Wèile Zhōng Rì liǎng guó de yǒuyì, gānbēi!

関連単語（恋愛・結婚）

対象 duìxiàng：恋愛や結婚の相手　　約会 yuēhuì：デート（する）

婚礼 hūnlǐ：結婚式　　相亲 xiāngqīn：見合い（する）　　结婚 jié hūn：結婚（する）

谈恋爱 tán liàn'ài：恋愛をする　　大龄青年 dàlíng qīngnián：30歳前後の未婚の若者

吹 chuī：振る　　甩 shuǎi：振る　　娶 qǔ：娶る　　嫁 jià：嫁ぐ

◆短文◆

中国の若者の晩婚化や非婚が話題になっていますが、それは個人の意思の現れでも
あります。ここでは、社会問題としての晩婚化・非婚について見てみましょう。

在　中国　经常　听到　剩男　剩女　这样　的　说法。剩男　剩女
Zài Zhōngguó jīngcháng tīngdào shèngnán shèngnǚ zhèyàng　de　shuōfǎ. Shèngnán shèngnǚ

指　的　是　还　没　结婚　的　大龄青年。随着　剩男　剩女　的　增多，
zhǐ　de　shì　hái　méi　jiéhūn　de　dàlíng qīngnián. Suízhe shèngnán shèngnǚ de　zēngduō,

中国　电视上　的　相亲　节目　也　越来越　多。为了　尽快　解决
Zhōngguó diànshìshang de　xiāngqīn jiémù　yě　yuèláiyuè　duō. Wèile　jǐnkuài　jiějué

子女　的　婚姻　问题，许多　家长　开始　自己　为　孩子　寻找
zǐnǚ　de　hūnyīn　wèntí, xǔduō　jiāzhǎng kāishǐ　zìjǐ　wèi　háizi　xúnzhǎo

结婚　对象。不过，因为　价值观　的　不同，这样　的　做法　遭到了
jiéhūn duìxiàng. Búguò, yīnwèi jiàzhíguān de　bùtóng, zhèyàng de　zuòfǎ　zāodàole

很　多　子女　的　反对。
hěn　duō　zǐnǚ　de　fǎnduì.

词汇 2

短文 经常 jīngcháng：しょっちゅう　听到 tīngdào：耳にする　指 zhǐ：指す

随着 suízhe：〜にしたがって　节目 jiémù：番組、プログラム　尽快 jǐnkuài：迅速（に）

子女 zǐnǚ：息子と娘　婚姻 hūnyīn：結婚　家长 jiāzhǎng：家長、保護者

寻找 xúnzhǎo：探す　价值观 jiàzhíguān：価値観　遭到 zāodào：遭う

练习 酒店 jiǔdiàn：ホテル　留学 liú xué：留学する　即使 jíshǐ：たとえ〜としても

好好儿 hǎohāor：しっかりと　睡 shuì（睡觉 shuì jiào）：眠る、寝る

往 wǎng：〜に向かって　拐 guǎi：曲がる　洗手间 xǐshǒujiān：トイレ

因为 yīnwèi：〜だから

◆练习◆

1 次の空欄を埋めるのに最も適当なものを、それぞれ①〜④の中から1つ選びなさい。

(1) 酒店的 wi-fi 付钱后（　　　）能用。　　　　①才　　②在　　③会　　④再

(2) 中国电视上的相亲节目越来越多（　　　）。　①了　　②的　　③着　　④在

(3) （　　　）去中国留学，我得好好儿学习。　　①即使　②如果　③虽然　④为了

2 日本語の意味になるように、それぞれ①〜④の語句を並べ替えなさい。

(1) わたしは昨日ずっと家でテレビを見ていた。

我昨天 ＿＿＿＿ ＿＿＿＿ ＿＿＿＿ ＿＿＿＿ 。　　①看电视　②家里　③在　④一直

(2) わたしは中国でよくこの言い方を聞きました。

我在中国经常 ＿＿＿＿ ＿＿＿＿ ＿＿＿＿ ＿＿＿＿ 。　①说法　②到　③听　④这种

(3) 彼らはできるだけはやくこどもの結婚問題を解決したい。

他们希望 ＿＿＿＿ ＿＿＿＿ ＿＿＿＿ ＿＿＿＿ 。①婚姻问题 ②尽快 ③孩子的 ④解决

3 次の日本語を中国語に訳して簡体字で書きなさい。

(1) 彼は立ってごはんを食べている。

(2) わたしは昨日夜の 12 時にやっと寝ました。

(3) 親たちはこどものために結婚相手を探す。

【リスニング】　　　　　　　　　　　　　　　　　　　🎧 DL 49　◎ CD1-49

4 中国語の問いを聞き、答えとして最も適当なものを、それぞれ①〜④の中から
1つ選びなさい。〔問い、答えを書き取ってみよう〕

(1) （5字　　　　　　　　　　　　）那么快?

① （3字　　　　　　　）往右拐就是。　② （6字　　　　　　　　　　　　　）。

③ （4字　　　　　　　　　）洗手间。

④ （8字　　　　　　　　　　　　　　　　　）。

(2) 你最近（4字　　　　　　　）女朋友（6字　　　　　　　　　　　　　）?

① （3字　　　　　　　）谈（3字　　　　　　）恋爱。

② （9字　　　　　　　　　　　　　　　　　　）。

③ （8字　　　　　　　　　　　　　　　），很有意思。

④ （5字　　　　　　　　　）找个（3字　　　　　　　）。

39

第8课

Dàxuéshēng yīnggāi shǎo dǎgōng, duō xuéxí

大学生应该少打工，多学习

《目標》 1. 学生生活のルーティン・過ごし方を簡潔に説明できる。
2. "有" の兼語文で「～なヒト／モノがいる／ある」を表現できる。

◆会话◆

🎧 DL 51 ◉ CD1-51

初めて中国の大学の図書館に行った時、麻美さんは日本の大学の図書館とは異なる光景を目にしました。
同じ大学生でも日中それぞれ事情が異なるようです。

麻美：图书馆里 怎么 这么 多 人 啊? 要 考试 了 吗?
Túshūguǎnli zěnme zhème duō rén a? Yào kǎoshì le ma?

小李：不 是。我们 下 课 后 一般 都 去 图书馆 看 书。
Bú shì. Wǒmen xià kè hòu yìbān dōu qù túshūguǎn kàn shū.

麻美：是 吗? 在 日本 大学生 一般 一 下 课 就 去 打工。
Shì ma? Zài Rìběn dàxuéshēng yìbān yí xià kè jiù qù dǎgōng.

小李：真的 吗? 你们 为什么 要 打 那么 多 工?
Zhēnde ma? Nǐmen wèishénme yào dǎ nàme duō gōng?

麻美：因为 我们 平时 要 花 很 多 钱，不 打工 不行。
Yīnwèi wǒmen píngshí yào huā hěn duō qián, bù dǎgōng bùxíng.

小李：不过，作为 大学生 还是 应该 好好儿 学习 吧。
Búguò, zuòwéi dàxuéshēng háishi yīnggāi hǎohāor xuéxí ba.

麻美：学习 当然 很 重要，但 没有 钱 去 玩儿 也 不行 啊。
Xuéxí dāngrán hěn zhòngyào, dàn méiyǒu qián qù wánr yě bùxíng a.

小李：我 还是 觉得 学习 比 打工 和 玩儿 更 重要。
Wǒ háishi juéde xuéxí bǐ dǎgōng hé wánr gèng zhòngyào.

🎧 DL 50 ◉ CD1-50

词汇 1

会话 要～了 yào~le 考试 kǎo shì 打工 dǎ gōng 不行 bùxíng

作为 zuòwéi 还是 háishi

语法要点 打算 dǎsuan 放假 fàng jià 跳舞 tiào wǔ 草裙舞 cǎoqúnwǔ

见面 jiàn miàn 向 xiàng 请教 qǐngjiào 住 zhù 京都 Jīngdū

40

◆语法要点◆

1 "一～就…"

1. 我 一 看 书 就 想 睡觉。
   Wǒ yí kàn shū jiù xiǎng shuìjiào.

2. 他们 打算 一 放假 就 去 旅游。
   Tāmen dǎsuan yí fàngjià jiù qù lǚyóu.

2 離合詞

1. 你 会 跳 什么 舞?
   Nǐ huì tiào shénme wǔ?

2. 我 会 跳 草裙舞。
   Wǒ huì tiào cǎoqúnwǔ.

3. 我 昨天 睡了 五 个 小时 觉。
   Wǒ zuótiān shuìle wǔ ge xiǎoshí jiào.

4. 去年 我 跟 她 见过 面。
   Qùnián wǒ gēn tā jiànguo miàn.

3 "有" の兼語文　後置される修飾成分 ☞ 第6課短文。第3課ポイント■兼語文。

1. 我 有 一 个 朋友 叫 李 浩阳。
   Wǒ yǒu yí ge péngyou jiào Lǐ Hàoyáng.

2. 我 有 一 个 问题 向 老师 请教。
   Wǒ yǒu yí ge wèntí xiàng lǎoshī qǐngjiào.

4 後置される介詞（1） 短文 ☞ 第12課ポイント■後置される介詞(2)。

1. 铃木 住在 京都。
   Língmù zhùzài Jīngdū.

2. 他 把 书 放在 桌子上 了。
   Tā bǎ shū fàngzài zhuōzishang le.

関連語句（学校用語）

黒板 hēibǎn：黒板　　校园 xiàoyuán：キャンパス　　宿舍 sùshè：寮
学生食堂 xuéshēng shítáng：学生食堂　　图书馆 túshūguǎn：図書館
操场 cāochǎng：グラウンド　　体育馆 tǐyùguǎn：体育館
线上授课 xiànshàng shòukè・网络上课 wǎngluò shàngkè：オンライン（遠隔）授業
（校园）一卡通 (xiàoyuán)yìkǎtōng：（キャンパス内で使える）プリペイド型電子マネー

◆短文◆

🎧 DL 55　◎ CD1-55

以前は中国の大学は狭き門で大学生はエリートでしたが、今は日本と同じく高三の半分
が進学する時代です。ここでは、中国での大学生活の変化について見てみましょう。

二十 多 年 前 中国 的 大学生 几乎 都 不 打工，每天 下课
Èrshí duō nián qián Zhōngguó de dàxuéshēng jīhū dōu bù dǎgōng, měitiān xiàkè

后，除了 参加 一些 社团 活动 以外，一般 都 去 图书馆 学习。
hòu, chúle cānjiā yìxiē shètuán huódòng yǐwài, yìbān dōu qù túshūguǎn xuéxí.

大学生 都 住在 学校 的 宿舍里。学校 的 图书馆 十 点 关门，
Dàxuéshēng dōu zhùzài xuéxiào de sùshèli. Xuéxiào de túshūguǎn shí diǎn guānmén,

图书馆 关门 后 大家 才 回 宿舍 休息。现在 中国 的 大学生
túshūguǎn guānmén hòu dàjiā cái huí sùshè xiūxi. Xiànzài Zhōngguó de dàxuéshēng

也 打工。 不过，他们 一般 是 在 周末 或 寒、暑假 打工，平时
yě dǎgōng. Búguò, tāmen yìbān shì zài zhōumò huò hán, shǔjià dǎgōng, píngshí

还是 在 学校 学习。
háishi zài xuéxiào xuéxí.

🎧 DL 54　◎ CD1-54

词汇 2

短文 下课 xià kè：授業がおわる、授業をおえる　社团 shètuán：クラブ、サークル

除了～（以外）chúle~ (yǐwài)：～以外に　关门 guān mén：閉まる、閉館・閉店する

周末 zhōumò：週末　或 huò：あるいは　寒假 hánjià：冬休み　暑假 shǔjià：夏休み

练习 规定 guīdìng：規定する　认识 rènshi：知っている　经济 jīngjì：経済

系 xì：学部　开学 kāi xué：学期が始まる　澳大利亚 Àodàlìyà：オーストラリア

◆练习◆

1 次の空欄を埋めるのに最も適当なものを、それぞれ①～④の中から1つ選びなさい。

(1) 我每天一下课（　　　）去打工。　　　　　　　　①就　②在　③向　④对

(2) 我有一个问题（　　　）老师请教。　　　　　　　①和　②向　③给　④对

(3) 中国大学生的习惯（　　　）我们不太一样。　　　①在　②给　③和　④连

2 日本語の意味になるように、それぞれ①～④の語句を並べ替えなさい。

(1) 遊びに行くお金がないのは困ります。

　　没有钱 _____ _____ _____ _____ 。　　①玩儿　②不行　③也　④去

(2) 日本の大学生はほとんどみんなアルバイトをしている。

　　日本的 _____ _____ _____ _____ 。　　①打工　②大学生　③都　④几乎

(3) 学校は図書館は10時に閉館すると規定している。

　　学校 _____ _____ _____ _____ 。　　①关门　②规定　③十点　④图书馆

3 次の日本語を中国語に訳して簡体字で書きなさい。

(1) 大学生はふつう授業が終わるとすぐにバイトに行きます。

(2) 図書館の中はどうしてこんなに人が多いのだろう。

(3) あなたは今、何のアルバイトをしていますか。

【リスニング】　　　　　　　　　　　　　　　　　　🎧 DL 56　◎ CD1-56

4 中国語の問いを聞き、答えとして最も適当なものを、それぞれ①～④の中から
1つ選びなさい。〔問い、答えを書き取ってみよう〕

(1) 你认识经济系的（4字　　　　　　　　）？

　　①（6字　　　　　　　　）。　②（4字　　　　　　　　）。

　　③（6字　　　　　　　　）？　④（6字　　　　　　　　　）。

(2) （1字　　　）放假（2字　　　　　）！你们（3字　　　　　　　）打算？

　　①（4字　　　　　　　　），（1字　　　）开学（1字　　　　）。

　　②（9字　　　　　　　　　　　　　　　　　）。

　　③（8字　　　　　　　　　　　　　　　）澳大利亚旅游。

　　④ 你想做（2字　　　　　　），（5字　　　　　　　　　　）。

43

Biǎoshì gǎnxiè de xíguàn
表示感谢的习惯

《目标》 1. 日本と中国の感謝の表現についてそれぞれ簡単な紹介ができる。
　　　　 2. 具体的なことがらについて感謝を表現できる。

◆会话◆

言葉を覚えても、その文化背景を知らなければ、的確に使いこなせるとは限りません。「ありがとう」と"谢谢"から文化の違いを実感した麻美さんでした。

麻美：李 浩阳，谢谢 你 上次 请 我 吃饭。
　　　Lǐ Hàoyáng, xièxie nǐ shàngcì qǐng wǒ chīfàn.

小李：你 太 客气 了。事情 都 过去 那么 长 时间 了。
　　　Nǐ tài kèqi le. Shìqing dōu guòqu nàme cháng shíjiān le.

麻美：这 不 是 客气，是 我们 的 习惯。中国 的 习惯 是 什么?
　　　Zhè bú shì kèqi, shì wǒmen de xíguàn. Zhōngguó de xíguàn shì shénme?

小李：中国 的 习惯 是 当时 说 谢谢，但 以后 一般 就 不 再 说 了。
　　　Zhōngguó de xíguàn shì dāngshí shuō xièxie, dàn yǐhòu yìbān jiù bú zài shuō le.

麻美：谢谢 你 告诉 我 中国 的 习惯。这 和 日本 不太 一样。
　　　Xièxie nǐ gàosu wǒ Zhōngguó de xíguàn. Zhè hé Rìběn bútài yíyàng.

小李：对，日本 和 中国 都 有 各自 特有 的 文化 和 习惯。
　　　Duì, Rìběn hé Zhōngguó dōu yǒu gèzì tèyǒu de wénhuà hé xíguàn.

麻美：只有 互相 了解了 对方 的 习惯 后 才 不 会 产生 误解。
　　　Zhǐyǒu hùxiāng liǎojiěle duìfāng de xíguàn hòu cái bú huì chǎnshēng wùjiě.

小李：你 说得 太 好 了。今后 我们 经常 交流、加深 了解 吧。
　　　Nǐ shuōde tài hǎo le. Jīnhòu wǒmen jīngcháng jiāoliú、jiāshēn liǎojiě ba.

DL 57　CD1 57

词汇 1

会话 感谢 gǎnxiè　　习惯 xíguàn　　上次 shàngcì　　客气 kèqi

事情 shìqing　　过去 guòqu　　当时 dāngshí　　不再 bú zài　　告诉 gàosu

特有 tèyǒu　　只有 zhǐyǒu　　互相 hùxiāng　　了解 liǎojiě　　对方 duìfāng

产生 chǎnshēng　　误解 wùjiě　　交流 jiāoliú　　加深 jiāshēn

语法要点 再 zài　　又 yòu　　取得 qǔdé　　成绩 chéngjì　　办法 bànfǎ

◆語法要点◆

① 「また」を表す "再" と "又"

1. 我　想　再　看　一　遍　那个　电影。 ☞ 第9課ポイント④の例文にも注目。
   Wǒ　xiǎng　zài　kàn　yí　biàn　nèige　diànyǐng.

2. 我　昨天　又　看了　一　遍　那个　电影。
   Wǒ　zuótiān　yòu　kànle　yí　biàn　nèige　diànyǐng.

② 二重目的語をとることのできる動詞

1. 我　问　老师　一　个　问题。
   Wǒ　wèn　lǎoshī　yí　ge　wèntí.

2. 我　告诉　你　一　个　好　消息。
   Wǒ　gàosu　nǐ　yí　ge　hǎo　xiāoxi.

③ "只有～才…" ☞ 第11課ポイント③ "只要～，就…"。

1. 只有　好好儿　努力，才　能　取得　好　成绩。
   Zhǐyǒu　hǎohāor　nǔlì,　cái　néng　qǔdé　hǎo　chéngjì.

2. 只有　用　这个　办法，才　能　解决　这个　问题。
   Zhǐyǒu　yòng　zhèige　bànfǎ,　cái　néng　jiějué　zhèige　wèntí.

④ 動作量の表し方【動詞＋回数・時間】 短文 ☞ 第9課ポイント①の例文にも注目。

1. 我　看过　两　次　中国　电影。
   Wǒ　kànguo　liǎng　cì　Zhōngguó　diànyǐng.

2. 我　学了　两　年　汉语　了。
   Wǒ　xuéle　liǎng　nián　Hànyǔ　le.

関連語句（習慣）

打招呼 dǎ zhāohu：あいさつする　　鞠躬 jū gōng：お辞儀をする

握手 wò shǒu：握手する　　拍手 pāi shǒu：拍手する　　拥抱 yōngbào：抱き合う

亲 qīn：キスをする、ほおずりをする　　吻 wěn：キスをする

◆短文◆

「ありがとう」も"谢谢"も、ただ言えばそれで良いというものではありません…というお話です。

 DL 62 CD1-62

中国　有　很　多　习惯　和　日本　不同。比如，如果　你　请　一
Zhōngguó yǒu hěn duō xíguàn hé Rìběn bùtóng. Bǐrú, rúguǒ nǐ qǐng yí

个 中国　朋友 吃饭，当时 他 会 对 你 说 谢谢，但 以后 你 再
ge Zhōngguó péngyou chīfàn, dāngshí tā huì duì nǐ shuō xièxie, dàn yǐhòu nǐ zài

遇到 他 时，他 一般 不 会 再 提 上次 吃饭 的 事儿。对 中国人
yùdào tā shí, tā yìbān bú huì zài tí shàngcì chīfàn de shìr. Duì Zhōngguórén

来 说，说 一 次 谢谢 就 可以 了。如果 不断 地 提起 那 件 事儿
lái shuō, shuō yí cì xièxie jiù kěyǐ le. Rúguǒ búduàn de tíqǐ nà jiàn shìr

的话，就 表示 还 希望 对方 请 自己。中国人　通常　会 把 对方
dehuà, jiù biǎoshì hái xīwàng duìfāng qǐng zìjǐ. Zhōngguórén tōngcháng huì bǎ duìfāng

的 好意 记在 心里，等 以后 有 机会 时 再 答谢。
de hǎoyì jìzài xīnli, děng yǐhòu yǒu jīhuì shí zài dáxiè.

 DL 61 CD1-61

词汇 2

短文 不同 bùtóng：異なる　　遇到 yùdào：出会う　　提 tí：触れる、取り上げる

希望 xīwàng：〜であることを希望する、願う　　好意 hǎoyì：好意

记在心里 jìzài xīnli：覚える、心に刻む　　机会 jīhuì：機会、チャンス

答谢 dáxiè：お礼をする

练习 常常 chángcháng：しょっちゅう　　不太 bútài：あまり〜ではない

远 yuǎn：遠い　　完全 wánquán：完全に　　注意 zhùyì：気をつける

◆練習◆

1 次の空欄を埋めるのに最も適当なものを、それぞれ①〜④の中から1つ選びなさい。

(1) 我们要努力（　　　）学习汉语。　　　　　①的　②地　③得　④又

(2) 谢谢你今天（　　　）我吃饭。　　　　　　①对　②被　③向　④请

(3) 中国的文化（　　　）日本的文化不太一样。　①和　②给　③对　④把

2 日本語の意味になるように、それぞれ①〜④の語句を並べ替えなさい。

(1) 中国には日本と違う習慣が沢山ある。

　　中国有 ＿＿＿＿ ＿＿＿＿ ＿＿＿＿ ＿＿＿＿ 。　①不同　②和　③很多习惯　④日本

(2) 明日わたしはあるお客さんにご飯をご馳走します。

　　明天我 ＿＿＿＿ ＿＿＿＿ ＿＿＿＿ ＿＿＿＿ 。　①吃饭　②客人　③一个　④请

(3) わたしはあなたに良い知らせがあります。

　　我 ＿＿＿＿ ＿＿＿＿ ＿＿＿＿ ＿＿＿＿ 。　①告诉　②好消息　③你　④一个

3 次の日本語を中国語に訳して簡体字で書きなさい。

(1) わたしはもう一度あの映画をみたい。

(2) 彼は中国語を勉強して1年になります。

(3) この方法を使ってこそ、ようやくこの問題を解決できる。

【リスニング】　　　　　　　　　　　　　　　　　　　　🎧 DL 63　◎ CD1-63

4 中国語の問いを聞き、答えとして最も適当なものを、それぞれ①〜④の中から1つ選びなさい。〔問い、答えを書き取ってみよう〕

(1)　小王，（3字　　　　　　　　）上次请我吃饭。

　①　（3字　　　　　　　　），那是我（4字　　　　　　　　）。

　②　那，（7字　　　　　　　　　　　　　　）。

　③　小王常常（5字　　　　　　　　　　　）。

　④　那，（5字　　　　　　　　　　）小王做饭吧。

(2)　（8字　　　　　　　　　　　　　　　　）不太一样。

　①　对，（7字　　　　　　　　　　　　　）远。

　②　对，（8字　　　　　　　　　　　　　　　）完全（2字　　　　）。

　③　对，我（9字　　　　　　　　　　　　　　　　　）。

　④　对，（4字　　　　　　　　　）注意这一点。

47

Niánqīngrén de jiùyèguān
年轻人的就业观

《目標》 1. 学生の就職活動について簡単な説明ができる。
2. 自分の将来のキャリアの希望について簡単な紹介ができる。

◆会话◆

DL 65　CD1-65

卒業後、どんな仕事に就きたいか、何をしたいかは、麻美さんにとっても李さんにとっても大きな関心事です。

麻美：李 浩阳，现在 中国 什么 工作 最 受 欢迎？
　　　Lǐ Hàoyáng, xiànzài Zhōngguó shénme gōngzuò zuì shòu huānyíng?

小李：现在 考 公务员 的 人 越来越 多 了。
　　　Xiànzài kǎo gōngwùyuán de rén yuèláiyuè duō le.

麻美：大家 为什么 那么 喜欢 考 公务员 呢？
　　　Dàjiā wèishénme nàme xǐhuan kǎo gōngwùyuán ne?

小李：因为 公务员 的 工作 稳定，福利 也 很 好。
　　　Yīnwèi gōngwùyuán de gōngzuò wěndìng, fúlì yě hěn hǎo.

麻美：现在 中国 的 大学生 找 工作 很 难 吗？
　　　Xiànzài Zhōngguó de dàxuéshēng zhǎo gongzuò hěn nán ma?

小李：对。大学里 流行着 一 句 话 "毕业 就 是 失业"。
　　　Duì. Dàxuéli liúxíngzhe yí jù huà "bìyè jiù shì shīyè".

麻美：是 吗？ 那 你 将来 想 做 什么 工作？
　　　Shì ma? Nà nǐ jiānglái xiǎng zuò shénme gōngzuò?

小李：我 想 当 中文 老师，教 外国人 汉语，传播 中国 文化。
　　　Wǒ xiǎng dāng Zhōngwén lǎoshī, jiāo wàiguórén Hànyǔ, chuánbō Zhōngguó wénhuà.

DL 64　CD1-64

词汇 1

会话 考 kǎo	公务员 gōngwùyuán	稳定 wěndìng	福利 fúlì
流行 liúxíng	毕业 bì yè	失业 shī yè	当 dāng	传播 chuánbō
语法要点 研究生 yánjiūshēng	驾（驶执）照 jià(shǐ zhí)zhào		班 bān
工资 gōngzī	城市 chéngshì	却 què	理想 lǐxiǎng

◆语法要点◆

1 "考"

1. 他 打算 明年 考 研究生。
   Tā dǎsuan míngnián kǎo yánjiūshēng.

2. 她 打算 考 驾（驶执）照。
   Tā dǎsuan kǎo jià(shǐzhí)zhào.

2 存现文

1. 书包里 放着 很 多 书。
   Shūbāoli fàngzhe hěn duō shū.

2. 我们 班 来了 一 个 新 同学。
   Wǒmen bān láile yí ge xīn tóngxué.

3 「～倍」の言い方 短文

1. 她 换 工作 后，工资 增加了 一 倍。
   Tā huàn gōngzuò hòu, gōngzī zēngjiāle yí bèi.

2. 我们 城市 的 人口 比 十 年 前 多了 两 倍。
   Wǒmen chéngshì de rénkǒu bǐ shí nián qián duōle liǎng bèi.

4 "却" 短文

1. 他 很 喜欢 学习 汉语，但 成绩 却 不太 理想。
   Tā hěn xǐhuan xuéxí Hànyǔ, dàn chéngjì què bútài lǐxiǎng.

2. 她 有 钱，但 却 没有 时间 去 国外 旅游。
   Tā yǒu qián, dàn què méiyǒu shíjiān qù guówài lǚyóu.

関連語句（～になる "当"＋職業）
医生 yīshēng：医師　护士 hùshi：看護師　律师 lùshī：弁護士
公司职员 gōngsī zhíyuán：サラリーマン　售货员 shòuhuòyuán：販売員
列车员 lièchēyuán：鉄道の乗務員　美发师 měifàshī：美容師　司机 sījī：運転手
记者 jìzhě：記者　编辑 biānjí：編集者　工程师 gōngchéngshī：エンジニア

49

◆短文◆

就職は、中国の一人ひとりの大学生にとっても最大の関心事ですが、それと同時に、
就職率が社会にとっての大きな問題になっています。

DL 69　CD1-69

现在，对　中国　的　大学生　来说，就业难是一个很大的
Xiànzài, duì Zhōngguó de dàxuéshēng lái shuō, jiùyènán shì yí ge hěn dà de

问题。造成　大学生就业难的一个很大的原因是大学的
wèntí. Zàochéng dàxuéshēng jiùyènán de yí ge hěn dà de yuányīn shì dàxué de

扩招。　2001　年大学生的毕业　人数　是　104　万人，到了
kuòzhāo. Èr líng líng yī nián dàxuéshēng de bìyè rénshù shì yì bǎi líng sì wàn rén, dàole

2020　年人数　增长到　874　万人，几乎是　2001　年的
èr líng èr líng nián rénshù zēngzhǎngdào bā bǎi qīshí sì wàn rén, jīhū shì èr líng líng yī nián de

8.4　倍。毕业　人数　增加了，但工作的机会却没有这么
bā diǎn sì bèi. Bìyè rénshù zēngjiāle, dàn gōngzuò de jīhuì què méiyǒu zhème

多。为了能找到一个稳定的工作，很多大学生
duō. Wèile néng zhǎodào yí ge wěndìng de gōngzuò, hěn duō dàxuéshēng

选择了考公务员。
xuǎnzéle kǎo gōngwùyuán.

DL 68　CD1-68

词汇 2

短文 就业难 jiùyènán：就職難　原因 yuányīn：原因　扩招 kuòzhāo：入学定員の拡大

增长 zēngzhǎng：増加する　选择 xuǎnzé：選択する

练习 贸易公司 màoyì gōngsī：貿易会社　中文 Zhōngwén：中国語

◆练习◆

1 次の空欄を埋めるのに最も適当なものを、それぞれ①～④の中から1つ選びなさい。

(1) 现在中国什么工作最（　　）欢迎?　　　　　①给 ②有　③受　④被

(2) 公务员的工作比较稳定，（　　）压力也不太大。①连 ②但是 ③而且 ④快要

(3) 大学生毕业人数很多，但工作机会（　　）很少。①也 ②要　③能　④却

2 日本語の意味になるように、それぞれ①～④の語句を並べ替えなさい。

(1) 大学で「卒業は失業」という言葉が流行っている。

＿＿＿＿ ＿＿＿＿ ＿＿＿＿ ＿＿＿＿。①"毕业就是失业" ②大学里 ③一句话 ④流行着

(2) 大学生はみんな安定した仕事を見つけることを希望している。

大学生都 ＿＿＿＿ ＿＿＿＿ ＿＿＿＿ ＿＿＿＿。①稳定的工作 ②能找到 ③希望 ④一个

(3) 就職難はひとつの大きな問題である。

就业难 ＿＿＿＿ ＿＿＿＿ ＿＿＿＿ ＿＿＿＿。 ①一个　②问题　③很大的　④是

3 次の日本語を中国語に訳して簡体字で書きなさい。

(1) 公務員を受験する人がますます多くなっている。

(2) わたしにとってみれば、恋愛はひとつの大きな問題です。

(3) あなたは将来どんな仕事をしたいですか。

【リスニング】　　　　　　　　　　　　　　　🎧 DL 70　◎ CD1-70

4 中国語の問いを聞き、答えとして最も適当なものを、それぞれ①～④の中から
1つ選びなさい。〔問い、答えを書き取ってみよう〕

(1)　现在中国什么工作（4字　　　　　　　　　）?

①　（11字　　　　　　　　　　　　　　　　　　）。

②　（7字　　　　　　　　　　　　　）。

③　欢迎（7字　　　　　　　　　　　　）。

④　（7字　　　　　　　　　　　　）。

(2)　你将来想做什么工作?

①　（2字　　　　　）贸易公司（2字　　　　）。

②　（9字　　　　　　　　　　　　　　　）。

③　（3字　　　　　　　）中文（2字　　　　）。

④　（11字　　　　　　　　　　　　　　　　　）。

51

Yuèguāngzú
月光族

《目標》 1. 可能補語を使って「できる、できない」を表現することができる。
2. 複数の疑問代名詞の呼応表現を活用できる。

◆会话◆

DL 72 CD1-72

李さんの買い物の様子から、中国の若い人たちの金銭感覚やお金の使い方を垣間見た麻美さんは、どのように感じたのでしょうか。

小李：你 看，我 刚 买 的 这个 包 怎么样？ 好看 不 好看？
Nǐ kàn, wǒ gāng mǎi de zhèige bāo zěnmeyàng? Hǎokàn bu hǎokàn?

麻美：非常 好看。你 在 哪儿 买 的？ 花了 多少 钱？
Fēicháng hǎokàn. Nǐ zài nǎr mǎi de? Huāle duōshao qián?

小李：是 在 意大利 买 的。你 猜猜 多少 钱？
Shì zài Yìdàlì mǎi de. Nǐ cāicai duōshao qián?

麻美：对 包 我 不太 懂，猜不出来。一 万 日元？
Duì bāo wǒ bútài dǒng, cāibuchūlái. Yí wàn Rìyuán?

小李：你 真 会 开 玩笑。告诉 你，是 五 万 日元。
Nǐ zhēn huì kāi wánxiào. Gàosu nǐ, shì wǔ wàn Rìyuán.

麻美：这个 包 要 五 万 日元？ 太 贵 了 吧。
Zhèige bāo yào wǔ wàn Rìyuán? Tài guì le ba.

小李：这 是 名牌儿，五 万 日元 不 算 贵。
Zhè shì míngpáir, wǔ wàn Rìyuán bú suàn guì.

麻美：那 你 买了 这个 包 后，这个 月 又 成 "月光族" 了 吧。
Nà nǐ mǎile zhèige bāo hòu, zhèige yuè yòu chéng "yuèguāngzú" le ba.

DL 71 CD1-71

词汇 1

会话 月光族 yuèguāngzú　　刚 gāng　　意大利 Yìdàlì　　猜 cāi

名牌儿 míngpáir　　算 suàn　　成 chéng

语法要点 厚 hòu　　只要 zhǐyào　　吃药 chī yào　　病 bìng

有关系 yǒu guānxi　　满足 mǎnzú　　挣 zhèng

◆語法要点◆

1 可能補語【動詞＋"得／不"＋結果補語／方向補語】　🎧 DL 73　◎ CD1-73

1. 这么 厚 的 书，这个 星期 我 看不完。
   Zhème hòu de shū, zhèige xīngqī wǒ kànbuwán.

   「買えない」理由

买不到	买不了	买不起
mǎibudào	mǎibuliǎo	mǎibuqǐ
〔物がなくて〕	〔量が多すぎて〕	〔値段が高くて〕

2 「得意」を表す"会"　☞ 第2課ポイント③「できる」を表す助動詞。第5課ポイント②可能性を表す"会"。

1. 他 很 会 做 菜。
   Tā hěn huì zuò cài.

2. 她 很 会 买 东西。
   Tā hěn huì mǎi dōngxi.

3 "只要～就…" 短文　☞ 第9課ポイント③ "只有～才…"

1. 你 只要 吃了 这 种 药，病 就 能 好。
   Nǐ zhǐyào chīle zhè zhǒng yào, bìng jiù néng hǎo.

2. 只要 能 找到 跟 中国 有 关系 的 工作，我 就 满足 了。
   Zhǐyào néng zhǎodào gēn Zhōngguó yǒu guānxi de gōngzuò, wǒ jiù mǎnzú le.

4 疑問代名詞の呼応表現 短文

1. 你 想 去 哪儿，就 去 哪儿 吧！
   Nǐ xiǎng qù nǎr, jiù qù nǎr ba!

2. 哪个 便宜，买 哪个。
   Něige piányi, mǎi něige.

3. 挣 多少，花 多少。
   Zhèng duōshao, huā duōshao.

🎧 DL 74　◎ CD1-74

関連単語（若者に対する呼称）

小皇帝 xiǎohuángdì：一人っ子政策以後の生まれで、甘やかされて育った男の子

小公主 xiǎogōngzhǔ：同上の女の子

00后（零零后）línglínghòu：2000年以降に生まれた人々

宅男・宅女 zháinán・zháinǚ：オタク　　啃老族 kěnlǎozú：すねかじり

草莓族 cǎoméizú：温室育ち　　躺平族 tǎngpíngzú：寝そべり族、横たわり族

◆短文◆

中国には、きわだった特徴を持つ人々を指す "～族" という呼び方があります。
お金の使い方をめぐっては、"月光族" だけでなく、"星光族" も存在します。

DL 76　CD1-76

年轻人中　有 很 多 "月光族"。"月光族" 指 的 是，每 个 月
Niánqīngrénzhōng yǒu hěn duō "yuèguāngzú". "Yuèguāngzú" zhǐ de shì, měi ge yuè

把 工资 都 花光 的 人。他们 不 想 存钱，只要 钱包里 有 钱，
bǎ gōngzī dōu huāguāng de rén. Tāmen bù xiǎng cúnqián, zhǐyào qiánbāoli yǒu qián,

他们 想 买 什么 就 买 什么。很 多 "月光族" 喜欢 赶 时髦。他们
tāmen xiǎng mǎi shénme jiù mǎi shénme. Hěn duō "yuèguāngzú" xǐhuan gǎn shímáo. Tāmen

的 生活 理念 是 "快乐 在 今天"，他们 的 口号 是 "挣 多少，花
de shēnghuó lǐniàn shì "kuàilè zài jīntiān", tāmen de kǒuhào shì "zhèng duōshao, huā

多少"。现在 除了 "月光族"，还 有 许多 "星光族"。你 能 猜出来
duōshao". Xiànzài chúle "yuèguāngzú", hái yǒu xǔduō "xīngguāngzú". Nǐ néng cāichulai

"星光族" 是 什么样 的 人 吗?
xīngguāngzú shì shénmeyàng de rén ma?

DL 75　CD1-75

词汇 2

> **短文** 花光 huāguāng（動詞＋結果補語）：使い切る　　存钱 cún qián：貯金する
>
> 赶时髦 gǎn shímáo：流行を追う　　理念 lǐniàn：理念
>
> 快乐 kuàilè：愉快である、楽しみ　　口号 kǒuhào：スローガン、合い言葉
>
> **练习** 挺 tǐng：とても、かなり　　百货商店 bǎihuò shāngdiàn：デパート

◆练习◆

1 次の空欄を埋めるのに最も適当なものを、それぞれ①〜④の中から1つ選びなさい。

(1) 你想去（　　　）, 就去（　　　）吧。(同じ語が入る)　①哪儿　②什么　③那个　④谁

(2)（　　　）努力, 就能成功。　　　　　　　①只有　②除了　③只要　④为了

(3) 我的手机找（　　　）了。　　　　　　　①不起　②不了　③不到　④不懂

2 日本語の意味になるように、それぞれ①〜④の語句を並べ替えなさい。

(1) 彼らは買いたいものを買う。

　　他们 _____ _____ _____ _____ 。　　①想　②就　③买什么　④买什么

(2) 彼は毎月お給料を全部使い切ってしまう。

　　他每个月 _____ _____ _____ _____ 。　①花光　②都　③工资　④把

(3) 多くの「月光族」は流行を追うのが好きです。

　　很多 _____ _____ _____ _____ 。　　①时髦　②赶　③喜欢　④月光族

3 次の日本語を中国語に訳して簡体字で書きなさい。

(1) あなたは欲しいものを買いなさい。

(2) 彼女は買い物が上手だ。

(3) このバッグはイタリアで買ったんです。

【リスニング】　　　　　　　　　　　　　　　　　　　🎧 DL 77　◎ CD1-77

4 中国語の問いを聞き、答えとして最も適当なものを、それぞれ①〜④の中から
1つ選びなさい。〔問い、答えを書き取ってみよう〕

(1) （4字　　　　　　　　　）这个包（3字　　　　　　　　　）？

　　①　这个包子（3字　　　　　　　　　）。

　　②　挺好的,（6字　　　　　　　　　　　　）？

　　③　还是妈妈（6字　　　　　　　　　　）。

　　④　（3字　　　　　　　　）,（3字　　　　　　　　）百货商店（2字　　　　　）。

(2) （3字　　　　　　　　）这个包（3字　　　　　　　　　）？

　　①　你（5字　　　　　　　　　）？

　　②　二十块钱（2字　　　　　　　）,（3字　　　　　　　　）？

　　③　（4字　　　　　　　）,（2字　　　　　　）很贵吧。

　　④　那我（6字　　　　　　　　　　　）。

55

第12课 海外的汉语奇遇

《目标》 1. 問われたことに対して的確に答えることができる。
2. 経験したことについて具体的に順序立てて説明できる。

◆会话◆

DL 79 CD1-79

旅行でイタリアを訪れた麻美さんですが、美しい街並みに夢中で、迷子になってしまいました。彼女の窮地を救ったのは…。

麻美：请问，你们 是 本地人 吗?
　　　Qǐngwèn, nǐmen shì běndìrén ma?

路人：对，你 有 什么 事儿 吗?
　　　Duì, nǐ yǒu shénme shìr ma?

麻美：我 迷 路 了，回不了 酒店 了。你们 能 帮帮 我 吗?
　　　Wǒ mí lù le, huíbuliǎo jiǔdiàn le. Nǐmen néng bāngbang wǒ ma?

路人：你 住在 哪 家 酒店? 你 有 酒店 的 电话 吗?
　　　Nǐ zhùzài nǎ jiā jiǔdiàn? Nǐ yǒu jiǔdiàn de diànhuà ma?

麻美：有。这 是 酒店 的 名字，这 是 电话 号码。
　　　Yǒu. Zhè shì jiǔdiàn de míngzi, zhè shì diànhuà hàomǎ.

　　　（看 酒店 的 名字）
　　　(kàn jiǔdiàn de míngzi)

路人：这个 酒店 离 我们 家 不太 远，我们 送 你 去 吧。
　　　Zhèige jiǔdiàn lí wǒmen jiā bútài yuǎn, wǒmen sòng nǐ qù ba.

麻美：那 太 麻烦 你们 了。真 不 知 怎么 感谢 你们 才 好。
　　　Nà tài máfan nǐmen le. Zhēn bù zhī zěnme gǎnxiè nǐmen cái hǎo.

路人：不要 这么 客气。出 门 在 外 互相 帮助 是 应该 的。
　　　Búyào zhème kèqi. Chū mén zài wài hùxiāng bāngzhù shì yīnggāi de.

DL 78 CD1-78

词汇 1				
会话 奇遇 qíyù	路人 lùrén	本地人 běndìrén	迷路 mí lù	帮 bāng
号码 hàomǎ	麻烦 máfan	出门 chū mén	帮助 bāngzhù	
语法要点 西安 Xī'ān	大阪 Dàbǎn	成为 chéngwéi	桥梁 qiáoliáng	
迟到 chídào	竟然 jìngrán			

◆語法要点◆

1 後置される介詞（2）　☞ 第8課ポイント4 後置される介詞 (1)。　

1. 我 来自 日本。
   Wǒ láizì Rìběn.

2. 这 是 开往 西安 的 列车。
   Zhè shì kāiwǎng Xī'ān de lièchē.

2 いろいろな介詞

1. 我 和 他 一起 去。
   Wǒ hé tā yìqǐ qù.

2. 我 跟 他 打 招呼。
   Wǒ gēn tā dǎ zhāohu.

3. 我 给 他 打 电话。
   Wǒ gěi tā dǎ diànhuà.

4. 我 在 家 吃 午饭。
   Wǒ zài jiā chī wǔfàn.

5. 我 家 离 学校 很 远。
   Wǒ jiā lí xuéxiào hěn yuǎn.

6. 从 这儿 到 车站 很 近。
   Cóng zhèr dào chēzhàn hěn jìn.

3 文による目的語

1. 妈妈 希望 我 大学 毕业 后 在 大阪 工作。
   Māma xīwàng wǒ dàxué bìyè hòu zài Dàbǎn gōngzuò.

2. 我 希望 你 将来 能 成为 中 日 友好 的 桥梁。
   Wǒ xīwàng nǐ jiānglái néng chéngwéi Zhōng Rì yǒuhǎo de qiáoliáng.

4 "竟然" 短文

1. 他 竟然 迟到了 一 个 小时。
   Tā jìngrán chídàole yí ge xiǎoshí.

2. 这 本 小说 她 竟然 一 天 就 看完 了。
   Zhè běn xiǎoshuō tā jìngrán yì tiān jiù kànwán le.

関連単語(旅のことば)　動詞＋目的語

住 zhù ＋（罗马 Luómǎ：ローマに泊まる　　两天 liǎng tiān：二泊する）

坐 zuò ＋（飞机 fēijī：飛行機に乗る　　机场巴士 jīchǎng bāshì：空港バスに乗る）

买 mǎi ＋（票 piào：きっぷを買う　　礼物 lǐwù：おみやげを買う）

◆短文◆

中国語が通じるのは中国語を公用語としている国や地域だけではありません。
麻美さんの経験を聞いてみましょう。

🎧 DL 83　◎ CD1-83

去年 暑假 我 一 个 人 去 意大利 旅游 的 时候，迷 路 了，
Qùnián shǔjià wǒ yí ge rén qù Yìdàlì lǚyóu de shíhou, mí lù le,

回不了 酒店 了。我 不 会 说 意大利语，当地 的 人 也 听不懂
huíbuliǎo jiǔdiàn le. Wǒ bú huì shuō Yìdàlìyǔ, dāngdì de rén yě tīngbudǒng

我 说 的 英语。正在 着急 的 时候，我 突然 听到 有 两 个 人
wǒ shuō de Yīngyǔ. Zhèngzài zháojí de shíhou, wǒ tūrán tīngdào yǒu liǎng ge rén

在 说 汉语。我 用 汉语 跟 他们 打 招呼，告诉 他们 我 迷 路
zài shuō Hànyǔ. Wǒ yòng Hànyǔ gēn tāmen dǎ zhāohu, gàosu tāmen wǒ mí lù

了。他们 把 我 送到了 酒店，第 二 天 还 邀请 我 去 他们 家
le. Tāmen bǎ wǒ sòngdàole jiǔdiàn, dì èr tiān hái yāoqǐng wǒ qù tāmen jiā

玩儿。我 没 想到 在 日本 学 的 汉语 竟然 在 意大利 帮了
wánr. Wǒ méi xiǎngdào zài Rìběn xué de Hànyǔ jìngrán zài Yìdàlì bāngle

我 的 大忙。
wǒ de dàmáng.

🎧 DL 82　◎ CD1-82

词汇2

短文 当地 dāngdì：現地　　正在～ zhèngzài～：ちょうど～している

着急 zháo jí：慌てる、焦る　　突然 tūrán：突然、思いがけなく

第二天 dì èr tiān：翌日　　邀请 yāoqǐng：招待する　　帮忙 bāng máng：助ける、手伝う

练习 需要 xūyào：～を必要とする

◆练习◆

1 次の空欄を埋めるのに最も適当なものを、それぞれ①〜④の中から1つ選びなさい。

(1) 真不知怎么感谢你们（　　）好。　　　　　　①还　②也　③才　④能

(2) 这个酒店（　　）我们家不太远。　　　　　　①离　②从　③跟　④向

(3) 我跑过去用汉语跟他们（　　）招呼。　　　　①说　②打　③叫　④给

2 日本語の意味になるように、それぞれ①〜④の語句を並べ替えなさい。

(1) 彼はわたしの話す英語を聞いて理解できない。

　　他 ＿＿＿＿ ＿＿＿＿ ＿＿＿＿ ＿＿＿＿ 。　　①我说　②英语　③的　④听不懂

(2) わたしは突然ふたりの人が中国語を話しているのを耳にした。

　　我 ＿＿＿＿ ＿＿＿＿ ＿＿＿＿ ＿＿＿＿ 。　　①听到　②在说汉语　③有两个人　④突然

(3) 外に出ている時、お互いに助け合うことは当然のことだ。

　　＿＿＿＿ ＿＿＿＿ ＿＿＿＿ ＿＿＿＿ 应该的。①是　②互相　③出门在外　④帮助

3 次の日本語を中国語に訳して簡体字で書きなさい。

(1) あなたは何か用事がありますか。

(2) 彼らはわたしをホテルまで送ってくれた。

(3) これは北京行きの列車です。

【リスニング】　　　　　　　　　　　　　　　　　🎧 DL 84　◎ CD1-84

4 中国語の問いを聞き、答えとして最も適当なものを、それぞれ①〜④の中から
　1つ選びなさい。〔問い、答えを書き取ってみよう〕

(1)　（2字　　　　　），你们是（8字　　　　　　　　　　　　　　　）？

　　①　（7字　　　　　　　　　　　　）。

　　②　对，（4字　　　　　　　　）学生（2字　　　　　）。

　　③　对，您需要（5字　　　　　　　　　）？

　　④　是吗？（8字　　　　　　　　　　　　　　　　）。

(2)　我迷路了，回不了酒店了。（7字　　　　　　　　　　　　　）？

　　①　（6字　　　　　　　　　　　）？

　　②　他（3字　　　　　　）酒店了。

　　③　你（6字　　　　　　　　　）？

　　④　（3字　　　　　　　　）。你（2字　　　　）哪家（2字　　　　　）？

59

63

学籍番号		氏　　名	

I 　音声を聞き、(1)〜(4)の問いの答えとして最も適当なものを、a〜dの中から1つ選びなさい。　CheckLink

DL 85, 86

CD2-01, 02

《生词》男的 nánde：男の人、男性　　　　女的 nǚde：女の人、女性

【音声】

(1) 男的想吃什么?　　　　　　　　　a.　　　b.　　　c.　　　d.

(2) 男的想喝什么?　　　　　　　　　a.　　　b.　　　c.　　　d.

(3) 男的想在哪儿吃?　　　　　　　　a.　　　b.　　　c.　　　d.

(4) 一共多少钱?　　　　　　　　　　a.　　　b.　　　c.　　　d.

II 　(1)〜(5)の日本語の意味になるように空欄を埋めるとき、最も適当なものを、a〜dの中から　CheckLink
　　1つ選びなさい。

(1) 豆乳を1杯下さい。

　　我想买一（　　）豆浆。

　　　　　　　　　　　a. 只　　　b. 个　　　c. 条　　　d. 杯

(2) この二次元コードをスキャンして下さい。

　　请（　　）这个二维码。

　　　　　　　　　　　a. 打　　　b. 写　　　c. 扫　　　d. 放

(3) 王さんが歩いて教室に入ってきました。

　　小王走（　　）教室来了。

　　　　　　　　　　　a. 进　　　b. 上　　　c. 回　　　d. 去

(4) わたしは電車で学校に来ます。

　　我（　　）电车来学校。

　　　　　　　　　　　a. 要　　　b. 坐　　　c. 打　　　d. 在

(5) 朝ごはんをわたしはめったに自分で作りません。

　　我（　　）自己做早餐。

　　　　　　　　　　　a. 经常　　　b. 很少　　　c. 一点儿　　　d. 没有

Ⅲ　次の日本語を中国語に訳し、簡体字で書きなさい。

《生词》地铁 dìtiě：地下鉄

(1) わたしは本を 1 冊買いたい。

_____

(2) わたしは食堂へ行って昼ごはんを食べます。

_____

(3) わたしは地下鉄で図書館に行きます。

_____

(4) わたしは今日は行かないことにします。

_____

(5) わたしはめったに自分で買い物をしません。

_____

Ⅳ　中国語の問いを聞き、答えとして最も適当なものを、それぞれ①～④の中から 1 つ選びなさい。
〔問い、答えを書き取ってみよう〕

《生词》唱歌 chàng gē：歌をうたう

DL 87
CD2-03

(1)（ 3字　　　　　　　）？

　① （ 4字　　　　　　　　）。

　② （ 5字　　　　　　　　　）。

　③ （ 3字　　　　　　）。

　④ （ 8字　　　　　　　　　　　　）。

(2)（ 4字　　　　　　　　）？

　① （ 4字　　　　　　　）。

　② （ 4字　　　　　　　）。

　③ （ 6字　　　　　　　　　）。

　④ （ 3字　　　　　） 问题。

66

学籍番号		氏　　名	

I　音声を聞き、⑴～⑷の問いの答えとして最も適当なものを、a～dの中から1つ選びなさい。　🔄CheckLink

《生词》电影院 diànyǐngyuàn：映画館　　护士 hùshi：看護師　　目的地 mùdìdì：目的地　　⬇DL 88, 89

◎CD2-04, 05

【音声】

⑴ 男的想去哪儿?　　　　　　　　　　　　　a.　　　b.　　　c.　　　d.

⑵ 女的做什么工作?　　　　　　　　　　　　a.　　　b.　　　c.　　　d.

⑶ 他们在哪里说话?　　　　　　　　　　　　a.　　　b.　　　c.　　　d.

⑷ 从这儿到目的地要多长时间?　　　　　　　a.　　　b.　　　c.　　　d.

II　⑴～⑸の日本語の意味になるように空欄を埋めるとき、最も適当なものを、a～dの中から　🔄CheckLink
1つ選びなさい。

⑴ もし雨が降らないなら、10分で着けます。

（　　）不下雨的话，十分钟可以到。

　　　　　　　　a. 不但　　　b. 因为　　　c. 虽然　　　d. 如果

⑵ あなたの辞書は見つかりましたか。

你的词典找（　　）了吗?

　　　　　　　　a. 完　　　b. 到　　　c. 好　　　d. 见

⑶ トイレに行ってもいいですか。

我（　　）去厕所吗?

　　　　　　　　a. 可以　　　b. 是　　　c. 会　　　d. 行

⑷ ここから駅まで大体15分かかります。

（　　）这儿到车站大概要十五分钟。

　　　　　　　　a. 离　　　b. 比　　　c. 从　　　d. 在

⑸ 人々は冗談で首都である北京のことを"首堵"と称します。

人们开玩笑（　　）称首都北京"首堵"。

　　　　　　　　a. 的　　　b. 地　　　c. 得　　　d. 了

III 次の日本語を中国語に訳し、簡体字で書きなさい。

(1) タクシーに乗るなら、10分で着けます。

_____

(2) いま天気はどうですか。

_____

(3) わたしの辞書はまだ見つかりません。

_____

(4) わたしの姉は3000メートル泳げます。

_____

(5) この服は色がとってもきれいだ。

_____

IV 中国語の問いを聞き、答えとして最も適当なものを、それぞれ①～④の中から1つ選びなさい。
〔問い、答えを書き取ってみよう〕

《生词》动物园 dòngwùyuán：動物園　　青岛 Qīngdǎo：青島（チンタオ）

DL 90
CD2-06

(1) 师傅，（4字　　　　　　　　　）动物园。

　① （4字　　　　　　　　）。

　② （2字　　　　　）。

　③ （2字　　　　）刚到（1字　　　）。

　④ 青岛（4字　　　　　　　）?

(2) （4字　　　　　　　　）机场大概（3字　　　　　　　）时间?

　① 下午（2字　　　　　）。

　② （2字　　　　　）分钟。

　③ （5字　　　　　　　　　）。

　④ （4字　　　　　　　）。

68

第 **3** 课　发展练习 1

学籍番号		氏　　名	

I 音声を聞き、(1)～(4)の問いの答えとして最も適当なものを、a～dの中から1つ選びなさい。 ⟳CheckLink

《生词》电影院 diànyǐngyuàn：映画館　　门口 ménkǒu：出入り口、玄関

⬇ DL 91, 92
◉ CD2-07, 08

【音声】

(1) 女的什么时候有时间?　　　　　a.　　　b.　　　c.　　　d.

(2) 男的想请女的做什么?　　　　　a.　　　b.　　　c.　　　d.

(3) 他们打算什么时候见面?　　　　a.　　　b.　　　c.　　　d.

(4) 他们打算在哪儿见面?　　　　　a.　　　b.　　　c.　　　d.

II (1)～(5)の日本語の意味になるように空欄を埋めるとき、最も適当なものを、a～dの中から ⟳CheckLink
1つ選びなさい。

(1) こんな高い財布は、わたしは見たことがない。

（　　）贵的钱包，我没看过。

　　　　　　　　a. 怎么　　b. 这个　　c. 这么　　d. 什么

(2) ビールはたまに1回飲むくらいは大丈夫です。

啤酒（　　）喝一次没关系。

　　　　　　　　a. 经常　　b. 偶尔　　c. 每天　　d. 一点儿

(3) このようなケーキはわたしたちは（高くて）食べられません。

（　　）的蛋糕我们吃不起。

　　　　　　　　a. 这样　　b. 这个　　c. 这么　　d. 这儿

(4) わたしについて言えば、これは大問題です。

（　　）我来说，这是一个大问题。

　　　　　　　　a. 和　　　b. 对　　　c. 从　　　d. 到

(5) わたしはあなたに中国料理をごちそうします。

我（　　）你吃中国菜。

　　　　　　　　a. 和　　　b. 把　　　c. 跟　　　d. 请

69

Ⅲ 次の日本語を中国語に訳し、簡体字で書きなさい。

《生词》价钱 jiàqián：値段

(1) あなたは今晩時間がありますか。

_____

(2) あなたを映画に招待したいけれども、どうですか。

_____

(3) 値段がますます高くなってきた。

_____

(4) 母はわたしにテレビをみさせてくれない。

_____

(5) わたしたちは2時に図書館の入り口で会いましょう。

_____

Ⅳ 中国語の問いを聞き、答えとして最も適当なものを、それぞれ①〜④の中から1つ選びなさい。
〔問い、答えを書き取ってみよう〕

《生词》电影票 diànyǐngpiào：映画のチケット

CD2-09

(1) 电影票，（5字　　　　　　　　　　　）？

　　① （7字　　　　　　　　　　　　　　）。

　　② （4字　　　　　　　　　　）。

　　③ （2字　　　　　）块钱。

　　④ （6字　　　　　　　　　　　　）。

(2) 最近几年（9字　　　　　　　　　　　　　　　　）贵。

　　① （3字　　　　　　　），（8字　　　　　　　　　　　　　　　　）。

　　② （2字　　　　　），我给你（4字　　　　　　　　　）。

　　③ 就是，（7字　　　　　　　　　　　　　）几十（2字　　　　　　）。

　　④ 是吗，我也要（6字　　　　　　　　　　　）。

70

学籍番号		氏　　名	

I 音声を聞き、(1) ～ (4) の問いの答えとして最も適当なものを、a ～ d の中から 1 つ選びなさい。 ⟲ CheckLink

DL 94, 95
CD2-10, 11

【音声】

(1) 他们在哪儿说话?　　　　　　　　　a.　　　 b.　　　 c.　　　 d.

(2) 女的说什么好喝?　　　　　　　　　a.　　　 b.　　　 c.　　　 d.

(3) 女的吃什么了?　　　　　　　　　　a.　　　 b.　　　 c.　　　 d.

(4) 他们要回什么地方?　　　　　　　　a.　　　 b.　　　 c.　　　 d.

II (1) ～ (5) の日本語の意味になるように空欄を埋めるとき、最も適当なものを、a ～ d の中から ⟲ CheckLink
1 つ選びなさい。

(1) あなたは昨日の中国料理はどうだったと思いますか。

　　你觉得昨天的中国菜（　　　）?

　　　　　　　　　　a. 怎么　　　 b. 怎么样　　　 c. 什么　　　 d. 为什么

(2) ビールはわたしがひとりで全部飲み切ってしまいました。

　　啤酒都（　　　）我一个人喝光了。

　　　　　　　　　　a. 把　　　 b. 请　　　 c. 被　　　 d. 给

(3) 彼女はイギリスだけではなくて、アメリカにも行ったことがある。

　　她不但去过英国,（　　　）去过美国。

　　　　　　　　　　a. 还　　　 b. 很　　　 c. 都　　　 d. 非常

(4) たばこを吸うのをやめて下さい。

　　别抽烟（　　　）。

　　　　　　　　　　a. 呢　　　 b. 吗　　　 c. 的　　　 d. 了

(5) わたしたちは一緒にコーヒーを飲みに行きましょう。

　　我们一起去喝咖啡（　　　）。

　　　　　　　　　　a. 的　　　 b. 吧　　　 c. 吗　　　 d. 呢

DL 96
CD2-12

III 次の日本語を中国語に訳し、簡体字で書きなさい。

《生词》意大利语 Yìdàlìyǔ：イタリア語　　西班牙语 Xībānyáyǔ：スペイン語　　作文 zuòwén：作文

(1) 今日はわたしがあなたに晩御飯をご馳走します。

_____

(2) 授業中に、おしゃべりしてはいけません。

_____

(3) わたしの自転車が（だれかに）乗っていかれた。

_____

(4) 彼はイタリア語が話せるだけでなく、さらにスペイン語も話せる。

_____

(5) あなたはわたしが今日書いた作文をどのように思いますか。

_____

IV 中国語の問いを聞き、答えとして最も適当なものを、それぞれ①〜④の中から1つ選びなさい。
〔問い、答えを書き取ってみよう〕

《生词》慢慢儿 mànmānr：ゆっくりと　　埃及 Āijí：エジプト　　大概 dàgài：たぶん、おそらく
　　　　也许 yěxǔ：〜かもしれない

(1) （ 6字　　　　　　　　　　）！

　① 不行，（ 5字　　　　　　　　）。

　② （ 7字　　　　　　　　　　）。

　③ 那，（ 6字　　　　　　　　）。

　④ （ 3字　　　　　）埃及。

(2) 他大概（ 5字　　　　　　　　　）？

　① （ 7字　　　　　　　　　　）。

　② （ 2字　　　　）再（ 4字　　　　　　　）吧。他也许（ 2字　　　　　）。

　③ 他（ 8字　　　　　　　　　　　　）。

　④ 他大概都（ 2字　　　　）好几次了。

第 **5** 课　发展练习1

学籍番号		氏　　名	

I　音声を聞き、⑴～⑷の問いの答えとして最も適当なものを、a～dの中から1つ選びなさい。　🌀CheckLink

⬇ DL 97, 98

◉ CD2-13, 14

【音声】

⑴　女的怎么了?　　　　　　　　　a.　　　b.　　　c.　　　d.

⑵　女的现在有什么症状?　　　　　a.　　　b.　　　c.　　　d.

⑶　女的不想做什么?　　　　　　　a.　　　b.　　　c.　　　d.

⑷　女的说她的症状是从什么时候开始的?　a.　　　b.　　　c.　　　d.

II　⑴～⑸の日本語の意味になるように空欄を埋めるとき、最も適当なものを、a～dの中から　🌀CheckLink
1つ選びなさい。《生词》刚 gāng：～したばかり

⑴　あなたは朝食は全部で何を食べましたか。

你早饭（　　）吃什么了?

　　　　　　a. 很　　　b. 还　　　c. 都　　　d. 也

⑵　わたしは宿題を終えたらすぐに遊びに行きます。

我做完作业（　　）去玩儿。

　　　　　　a. 才　　　b. 再　　　c. 就　　　d. 刚

⑶　これは昨日から書き始めたのです。

这是从昨天开始写（　　）。

　　　　　　a. 的　　　b. 有　　　c. 了　　　d. 呢

⑷　彼女は英語がわたしよりもずっと上手です。＊同じものが入ります。

她英语说（　　）比我好（　　）多。

　　　　　　a. 的　　　b. 了　　　c. 还　　　d. 得

⑸　中国の病院は毎日ずっと休みません。

中国的医院每天（　　）不休息。

　　　　　　a. 一共　　　b. 都　　　c. 还　　　d. 也

Ⅲ　次の日本語を中国語に訳し、簡体字で書きなさい。

《生词》活动 huódòng：活動

(1) あなたは誰と一緒に学校に来たのですか。

_____

(2) わたしは最近どこにも行きたくない。

_____

(3) 今日の活動は誰でも参加出来ます。

_____

(4) この症状は注射を打てばすぐに良くなります。

_____

(5) 李先生は今日と明日どちらも授業がありません。

_____

Ⅳ　中国語の問いを聞き、答えとして最も適当なものを、それぞれ①～④の中から1つ選びなさい。
〔問い、答えを書き取ってみよう〕

《生词》图书馆 túshūguǎn：図書館（p.30）　　便利店 biànlìdiàn：コンビニエンスストア

　　　关门 guān mén：閉まる、閉館・閉店する（p.42）

DL 99
CD2-15

(1) 医院（6字　　　　　　　　　　　　　　）?

　① 我们（9字　　　　　　　　　　　　　　　　）。

　② 我每天（6字　　　　　　　　　　　　）。

　③ （7字　　　　　　　　　　　　　）。

　④ （6字　　　　　　　　　　　）。

(2) 我们大学的图书馆（7字　　　　　　　　　　　），
　　什么时候（4字　　　　　　　　）。

　① （5字　　　　　　　　　　）去大学?

　② （7字　　　　　　　　　　　　　）一家便利店。

　③ （2字　　　　　）?　　那（3字　　　　　　　）啊。

　④ 对，（5字　　　　　　　　　　）关门。

74

学籍番号		氏　　名	

Ⅰ 音声を聞き、(1)～(4)の問いの答えとして最も適当なものを、a～dの中から1つ選びなさい。 ⟳CheckLink

⬇ DL 100, 101

◉ CD2-16, 17

《生词》推理 tuīlǐ：推理　　　韩语 Hányǔ：韓国語

【音声】

(1) 女的在做什么?　　　　　　　　　　a.　　　b.　　　c.　　　d.

(2) 女的在哪儿买东西?　　　　　　　　a.　　　b.　　　c.　　　d.

(3) 女的想买什么小说?　　　　　　　　a.　　　b.　　　c.　　　d.

(4) 女的想买什么词典?　　　　　　　　a.　　　b.　　　c.　　　d.

Ⅱ (1)～(5)の日本語の意味になるように空欄を埋めるとき、最も適当なものを、a～dの中から ⟳CheckLink
1つ選びなさい。《生词》书架 shūjià：書架　　　讨论 tǎolùn：討論する

(1) わたしは友だちと一緒にゲームをしています。

我（　　）和朋友一起玩儿游戏。

　　　　　　　　　　a. 在　　　b. 有　　　c. 着　　　d. 呢

(2) あなたはどんな映画がみたいですか。

你想看（　　）电影?

　　　　　　　a. 哪儿　　b. 什么　　c. 谁　　　d. 怎么

(3) ネット上では何でも買って手に入れられる。

在网上什么（　　）能买到。

　　　　　　　　　　a. 还　　　b. 都　　　c. 很　　　d. 就

(4) 本を書架に戻して下さい。

你（　　）书放回书架上吧。

　　　　　　　　　　a. 给　　　b. 对　　　c. 把　　　d. 和

(5) 先生が戻って来てから討論しましょう。

等老师回来（　　）讨论吧。

　　　　　　　　　　a. 又　　　b. 才　　　c. 还　　　d. 再

75

III 次の日本語を中国語に訳し、簡体字で書きなさい。

(1) あなたはどんな小説を読んでいますか。

_____

(2) あなたこのコーヒーをはやく飲んじゃいなさい。

_____

(3) 彼女はアメリカに行きたいのではなくて、フランスに行きたいのです。

_____

(4) このケーキは彼女が来てから食べましょう。

_____

(5) わたしはどこかで彼女に会ったことがあるような気がする。

_____

IV 中国語の問いを聞き、答えとして最も適当なものを、それぞれ①〜④の中から 1 つ選びなさい。
〔問い、答えを書き取ってみよう〕

《生词》味道 wèidao：味 　　交 jiāo：提出する 　　 开心 kāixīn：愉快だ、楽しい

DL 102
CD2-18

(1) 他做的菜味道（3字　　　　　　）？

　　① （4字　　　　　　　　）啤酒。

　　② 他对我不（3字　　　　　）。

　　③ 和你做的（4字　　　　　　）。

　　④ （7字　　　　　　　　　　　）。

(2) 你（1字　　）干（2字　　　　）？
　　咱们（7字　　　　　　　　　　　）。

　　① 我（4字　　　　　　）呢。明天（2字　　　　）。

　　② （6字　　　　　　　　　）开心。

　　③ 你（2字　　　　）一起去玩儿了?

　　④ 他们（6字　　　　　　　　）。

76

学籍番号		氏　　名	

I 音声を聞き、(1)～(4)の問いの答えとして最も適当なものを、a～dの中から1つ選びなさい。 ⟳CheckLink

⬇ DL 103, 104
◉ CD2-19, 20

【音声】

(1)　　　　　　　　　　　　　　　　　　　　a.　　　b.　　　c.　　　d.

(2)　　　　　　　　　　　　　　　　　　　　a.　　　b.　　　c.　　　d.

(3)　　　　　　　　　　　　　　　　　　　　a.　　　b.　　　c.　　　d.

(4)　　　　　　　　　　　　　　　　　　　　a.　　　b.　　　c.　　　d.

II (1)～(5)の日本語の意味になるようにa～dを並べ替えたときに、[　　]内に入るものを選 ⟳CheckLink
びなさい。

(1) わたしは姉と一緒に遊びに出かけていません。

我没和 ＿＿＿＿　＿＿＿＿　＿＿＿＿　[＿＿＿＿]。

　　　　　　　　a. 出去　　b. 一起　　　c. 姐姐　　d. 玩儿

(2) あなたは昨日どのように過ごしたんですか。

你昨天 [＿＿＿＿] ＿＿＿＿　＿＿＿＿　＿＿＿＿ ？

　　　　　　　　a. 过　　b. 的　　　c. 是　　d. 怎么

(3) 背が高くて金持ちでイケメンの男子が人気があります。

"高富帅"的 ＿＿＿＿　＿＿＿＿　[＿＿＿＿] ＿＿＿＿。

　　　　　　　　a. 受　　b. 男孩儿　　c. 欢迎　　d. 很

(4) 彼らは先月とっくに別れています。

他们 ＿＿＿＿　[＿＿＿＿] ＿＿＿＿　＿＿＿＿。

　　　　　　　　a. 就　　b. 上个月　　c. 了　　d. 分手

(5) わたしは3時にようやく昼ごはんを食べました。

我 ＿＿＿＿　[＿＿＿＿] ＿＿＿＿　＿＿＿＿。

　　　　　　　　a. 午饭　　b. 才　　　c. 吃　　d. 三点

77

Ⅲ　次の日本語を中国語に訳し、簡体字で書きなさい。

《生词》走着 zǒuzhe：歩いて・徒歩で

(1) 冷蔵庫のドアが開いていますよ。

_____

(2) わたしは歩いて行ったんです。

_____

(3) あのようなやり方は以前はありませんでした。

_____

(4) あなたはなんでこんなに早くに来たのですか。

_____

(5) 彼は昨日2時にようやく寝ました。

_____

Ⅳ　中国語の問いを聞き、答えとして最も適当なものを、それぞれ①〜④の中から1つ選びなさい。
〔問い、答えを書き取ってみよう〕

《生词》准备 zhǔnbèi：準備する　　考试 kǎoshì：試験、試験を受ける　　黑暗 hēi'àn：暗闇
　　　　看不清 kànbuqīng：はっきりと見えない　　脸 liǎn：顔　　戴眼镜 dài yǎnjìng：メガネをかける

DL 105
CD2-21

(1)（5字　　　　　　　　　　　　　）没看见他?

　①（6字　　　　　　　　　　　），（5字　　　　　　　　　　　）准备考试。

　② 在黑暗中（5字　　　　　　　　）他的脸。

　③（8字　　　　　　　　　　　　　　）。

　④ 你戴着眼镜（5字　　　　　　　　　）。

(2) 昨天是情人节,（6字　　　　　　　　　　　）?

　①（3字　　　　　　　）情人节,
　　我（6字　　　　　　　　　　　　）出去玩儿。

　②（9字　　　　　　　　　　　　　　　　　）。

　③ 孩子们（6字　　　　　　　　　　　）玩儿游戏。

　④（6字　　　　　　　　　　），一直（6字　　　　　　　　　　　　）。

78

学籍番号		氏　　名	

I　音声を聞き、(1)～(4)の問いの答えとして最も適当なものを、a～dの中から1つ選びなさい。 **CheckLink**

《生词》最 zuì：最も

DL 106, 107
CD2-22, 23

【音声】

(1)　　　　　　　　　　　　　　a.　　　b.　　　c.　　　d.

(2)　　　　　　　　　　　　　　a.　　　b.　　　c.　　　d.

(3)　　　　　　　　　　　　　　a.　　　b.　　　c.　　　d.

(4)　　　　　　　　　　　　　　a.　　　b.　　　c.　　　d.

II　(1)～(5)の日本語の意味になるようにa～dを並べ替えたときに、[　　]内に入るものを選 **CheckLink**
びなさい。《生词》热闹 rènao：にぎやかだ

(1) 教室にどうしてこんなに沢山ひとがいるの。

_____　_____　[_____]　_____ 人啊?

　　　　　　　　a. 这么　　　b. 教室里　　c. 多　　　d. 怎么

(2) わたしは毎日8時間寝ます。

我 _____　_____　_____　[_____]。

　　　　　　　　a. 八个小时　　b. 睡　　　c. 觉　　　d. 每天

(3) 王さんが来るとすぐににぎやかになります。

小王 _____　_____　[_____]　_____。

　　　　　　　　a. 就　　　b. 热闹　　c. 来　　　d. 一

(4) 旅行に行く時間がないのも困ります。

没有时间 [_____]　_____　_____　_____。

　　　　　　　　a. 也　　　b. 去　　　c. 不行　　d. 旅游

(5) 日本の大学生はほとんどみんなバイトをしています。

日本的 _____　[_____]　_____　_____。

　　　　　　　　a. 都　　　b. 大学生　　c. 打工　　d. 几乎

III　次の日本語を中国語に訳し、簡体字で書きなさい。

《生词》伦敦 Lúndūn：ロンドン

(1) 彼は中国語の授業中です。

_____

(2) 鈴木さんはロンドンに住んでいます。

_____

(3) 彼女はどうしてあんなに沢山アルバイトをしないといけないの。

_____

(4) 大学生はほとんどみんな携帯電話を持っています。

_____

(5) 彼は授業が終わるとすぐにコンビニにアイスを買いに行きました。

_____

IV　中国語の問いを聞き、答えとして最も適当なものを、それぞれ①〜④の中から1つ選びなさい。
〔問い、答えを書き取ってみよう〕

《生词》明白 míngbai：わかる　　简单 jiǎndān：簡単である　　想法 xiǎngfǎ：考え方

DL 108
CD2-24

(1)（5字　　　　　　　　　　　）打那么多工?

　　①（9字　　　　　　　　　　　　　　　）。

　　②（11字　　　　　　　　　　　　　　　　　）。

　　③ 我要打（4字　　　　　　　　　）工。

　　④ 因为我平时（5字　　　　　　　　　）。

(2) 这么简单的（2字　　　　　）你（2字　　　　　）不明白?

　　① 我（6字　　　　　　　　　　　）他的想法。

　　②（9字　　　　　　　　　　　　　　　）。

　　③（7字　　　　　　　　　　　　）。

　　④（8字　　　　　　　　　　　　　）。

80

第**9**課　发展练习1

学籍番号		氏　　名	

I 音声を聞き、(1)～(4)の問いの答えとして最も適当なものを、a～dの中から1つ選びなさい。 CheckLink

《生词》一模一样 yìmúyíyàng：そっくり同じである　　第二天 dì'èrtiān：翌日

DL 109, 110
CD2-25, 26

【音声】

(1) 　　　　　　　　　　　　a.　　　b.　　　c.　　　d.

(2) 　　　　　　　　　　　　a.　　　b.　　　c.　　　d.

(3) 　　　　　　　　　　　　a.　　　b.　　　c.　　　d.

(4) 　　　　　　　　　　　　a.　　　b.　　　c.　　　d.

II (1)～(5)の日本語の意味になるようにa～dを並べ替えたときに、[　　]内に入るものを選 CheckLink
びなさい。

(1) 昨日コーヒーをご馳走してくれてありがとう。

[＿＿＿＿]　＿＿＿＿　＿＿＿＿　＿＿＿＿ 我喝咖啡。

　　　　　a. 昨天　　　b. 谢谢　　c. 请　　d. 你

(2) もう一遍言ってもらえますか。

＿＿＿＿　＿＿＿＿　＿＿＿＿　[＿＿＿＿]。

　　　　　a. 一遍　　　b. 再　　　c. 说　　d. 请

(3) これが幾らなのか教えてあげよう。

我 ＿＿＿＿　[＿＿＿＿]　＿＿＿＿　＿＿＿＿。

　　　　　a. 多少钱　　b. 这个　　c. 告诉　　d. 你

(4) 彼が行ってこそようやくあの問題を解決できる。

只有他去，才 [＿＿＿＿]　＿＿＿＿　＿＿＿＿　＿＿＿＿。

　　　　　a. 那个　　　b. 解决　　c. 能　　d. 问题

(5) あなたは1回ありがとうを言えばそれでいい。

你说 ＿＿＿＿　＿＿＿＿　[＿＿＿＿]　＿＿＿＿ 了。

　　　　　a. 就　　　b. 谢谢　　c. 一次　　d. 可以

81

Ⅲ 次の日本語を中国語に訳し、簡体字で書きなさい。

《生词》小笼包子 xiǎolóngbāozi：小籠包

(1) パンを1つあげよう。

_____

(2) わたしはテレビを2時間見ました。

_____

(3) その人は昨日また1回来ました。

_____

(4) イギリスとアメリカにはどちらも各々の特有の文化がある。

_____

(5) わたしはあの店の小籠包を1回食べたことがあります。

_____

Ⅳ 中国語の問いを聞き、答えとして最も適当なものを、それぞれ①〜④の中から1つ選びなさい。
〔問い、答えを書き取ってみよう〕

《生词》像〜一样 xiàng〜yíyàng：まるで〜のようである　　长 zhǎng：成長する
　　　　商量 shāngliang：相談する

DL 111
CD2-27

(1) 他（4字　　　　　　　　　）像中国人一样。

　① （8字　　　　　　　　　　　　）。

　② 对，他长（6字　　　　　　　　　）。

　③ （10字　　　　　　　　　　　　　）。

　④ 对，他不是教（5字　　　　　　　　）。

(2) 后天我们（3字　　　　　）请外国客人（2字　　　　）？

　① （9字　　　　　　　　　　　　）。

　② 这个（7字　　　　　　　　　　）商量吧。

　③ （7字　　　　　　　　　）呢？

　④ （9字　　　　　　　　　　　　）。

82

学籍番号		氏　　名	

I 音声を聞き、(1)〜(4)の問いの答えとして最も適当なものを、a〜dの中から1つ選びなさい。 ⟲CheckLink

《生词》容易 róngyì：容易である

⬇ DL 112, 113
◎ CD2-28, 29

【音声】

(1)　　　　　　　　　　　　　　a.　　b.　　c.　　d.

(2)　　　　　　　　　　　　　　a.　　b.　　c.　　d.

(3)　　　　　　　　　　　　　　a.　　b.　　c.　　d.

(4)　　　　　　　　　　　　　　a.　　b.　　c.　　d.

II (1)〜(5)の日本語の意味になるようにa〜dを並べ替えたときに、[　　]内に入るものを選 ⟲CheckLink
びなさい。

(1) いま日本ではどんな仕事が最も人気がありますか。

現在日本什么 ＿＿＿＿　＿＿＿＿　＿＿＿＿　[＿＿＿＿]？

　　　　　　a. 受　　　　b. 最　　　　c. 欢迎　　　d. 工作

(2) わたしの兄は大学院を受験するつもりです。

＿＿＿＿　[＿＿＿＿]　＿＿＿＿　＿＿＿＿。

　　　　　　a. 研究生　　b. 我哥哥　　c. 考　　　d. 打算

(3) 王先生は外国人に中国語を教えています。

＿＿＿＿　＿＿＿＿　[＿＿＿＿]　＿＿＿＿。

　　　　　　a. 教　　　　b. 外国人　　c. 王老师　　d. 汉语

(4) かばんにテキストが沢山入っています。

书包里 ＿＿＿＿　[＿＿＿＿]　＿＿＿＿　＿＿＿＿。

　　　　　　a. 课本　　　b. 放　　　　c. 很多　　　d. 着

(5) 留学に行きたい人が昨年比で200％増です。

想去留学的人 ＿＿＿＿　＿＿＿＿　[＿＿＿＿]　＿＿＿＿。

　　　　　　a. 多了　　　b. 比　　　　c. 两倍　　　d. 去年

83

III　次の日本語を中国語に訳し、簡体字で書きなさい。

《生词》托业 Tuōyè：TOEIC　　同事 tóngshì：同僚

(1) わたしは来年 TOEIC を受験するつもりです。

_____

(2) 彼の給料は 3 年前より 100%（1 倍分）増えた。

_____

(3) うちのオフィスに新しい同僚が 1 人来ました。

_____

(4) あなたはどの都市に最も住みたいですか。

_____

(5) いま中国では大学院を受験する人がますます多くなっている。

_____

IV　中国語の問いを聞き、答えとして最も適当なものを、それぞれ①〜④の中から 1 つ選びなさい。
〔問い、答えを書き取ってみよう〕

《生词》夏天 xiàtiān：夏　　国家 guójiā：国

DL 114
CD2-30

(1) 你的钱包（4字　　　　　　　　　）？

　　① 找了半天，（4字　　　　　　　　）。

　　②（6字　　　　　　　　　　　）。

　　③ 我的钱包里（5字　　　　　　　　　）。

　　④（8字　　　　　　　　　　　）。

(2)（4字　　　　　　　　）夏天（4字　　　　　　　　　）外国客人。

　　①（5字　　　　　　　　　）。

　　②（2字　　　　）国家的（4字　　　　　　　　）？

　　③（8字　　　　　　　　　　　）。

　　④ 很多外国客人（4字　　　　　　　）。

学籍番号		氏　　名	

I 音声を聞き、(1)～(4)の問いの答えとして最も適当なものを、a～dの中から１つ選びなさい。 ↻CheckLink

《生词》衬衫 chènshān：シャツ　　裤子 kùzi：パンツ　　运动鞋 yùndòngxié：運動靴

⬇ DL 115, 116
◎ CD2-31, 32

【音声】

(1)　　　　　　　　　　　　　　　a.　　　b.　　　c.　　　d.

(2)　　　　　　　　　　　　　　　a.　　　b.　　　c.　　　d.

(3)　　　　　　　　　　　　　　　a.　　　b.　　　c.　　　d.

(4)　　　　　　　　　　　　　　　a.　　　b.　　　c.　　　d.

II (1)～(5)の日本語の意味になるようにa～dを並べ替えたときに、[　　]内に入るものを選 ↻CheckLink
びなさい。

(1) 買ったばかりのこの靴どうですか。

我 ＿＿＿ ＿＿＿ ［＿＿＿］ ＿＿＿ 怎么样?

　　　　a. 刚　　　b. 的　　　　c. 这双鞋　　d. 买

(2) あなたは本当に冗談がうまい。

你 ＿＿＿ ＿＿＿ ＿＿＿ ［＿＿＿］。

　　　　a. 玩笑　　b. 会　　　c. 真　　　d. 开

(3) 彼は口下手です。

他 ＿＿＿ ［＿＿＿］ ＿＿＿ ＿＿＿。

　　　　a. 说　　　b. 会　　　c. 话　　　d. 不

(4) 金さえあれば、彼は買いたいものを買います。

只要有钱，他 ＿＿＿ ＿＿＿ ［＿＿＿］ ＿＿＿。

　　　　a. 买什么　　b. 买什么　　c. 想　　　d. 就

(5) この辞書が幾らか当ててごらんなさい。

你 ＿＿＿ ［＿＿＿］ ＿＿＿ ＿＿＿?

　　　　a. 词典　　b. 猜猜　　c. 这本　　d. 多少钱

85

Ⅲ 次の日本語を中国語に訳し、簡体字で書きなさい。

(1) このかばんは値段が高いとは言えない。

_____

(2) わたしは毎月いつも給料を全部使い切ります。

_____

(3) わたしの２人の姉はどちらも流行を追うのが好きです。

_____

(4) こんなに（値段が）高い料理は、わたしは食べられません。

_____

(5)「月光族」のスローガンは「稼いだだけ使う」です。

_____

Ⅳ 中国語の問いを聞き、答えとして最も適当なものを、それぞれ①～④の中から１つ選びなさい。
〔問い、答えを書き取ってみよう〕

《生词》原来 yuánlái：もともとは、はじめは   以前 yǐqián：～より以前に、～までに
借 jiè：借りる、貸す

DL 117
CD2-33

(1) 你将来（6字　　　　　　　　　　　　　　）工作?

　① （2字　　　　　）能找到（6字　　　　　　　　　　　　　　　　）的工作,
　　我就满足了。

　② 我爸爸原来（5字　　　　　　　　　　）。

　③ 我现在做（6字　　　　　　　　　　　　　　）的工作。

　④ 我（5字　　　　　　　　　　）结婚,你（5字　　　　　　　　　　　）?

(2) 这本书,你（4字　　　　　　　　）以前（3字　　　　　　　　）吗?

　① 那两本书,我（8字　　　　　　　　　　　　　　　　　　）。

　② 我（7字　　　　　　　　　　　　　　）。

　③ 这本书,我（10字　　　　　　　　　　　　　　　　　　　　）。

　④ （5字　　　　　　　　　　　），这个星期我（3字　　　　　　　　）。

86

第**12**课　发展练习1

学籍番号		氏　名	

I 音声を聞き、(1)〜(4)の問いの答えとして最も適当なものを、a〜dの中から1つ選びなさい。 ⟳CheckLink

《生词》巴黎 Bālí：パリ　　号码 hàomǎ：番号　　国外 guówài：国外　　⬇ DL 118, 119

身份证 shēnfènzhèng：身分証　　房间 fángjiān：部屋　　◉ CD2-34, 35

【音声】

(1)　　　　　　　　　　　　a.　　　b.　　　c.　　　d.

(2)　　　　　　　　　　　　a.　　　b.　　　c.　　　d.

(3)　　　　　　　　　　　　a.　　　b.　　　c.　　　d.

(4)　　　　　　　　　　　　a.　　　b.　　　c.　　　d.

II (1)〜(5)の日本語の意味になるようにa〜dを並べ替えたときに、[　　]内に入るものを選 ⟳CheckLink
びなさい。

(1) あなたは何か用事がありますか。

你 _____ [_____] _____ _____?

　　　　　a. 事儿　　　　b. 有　　　c. 吗　　　d. 什么

(2) この本屋はうちの家から遠くない。

这家书店 _____ _____ [_____] _____。

　　　　　a. 家　　　　b. 不远　　c. 我们　　d. 离

(3) あなたはどのホテルに泊まってますか。

你住 [_____] _____ _____ _____?

　　　　　a. 哪　　　　b. 酒店　　c. 在　　　d. 家

(4) 彼は意外にも30分（半時間）遅刻しました。

他 _____ [_____] _____ _____。

　　　　　a. 半个小时　b. 竟然　　c. 了　　　d. 迟到

(5) うちの両親はわたしが大阪で働くことを望んでいます。

我父母希望 _____ _____ _____ [_____]。

　　　　　a. 大阪　　　b. 工作　　c. 在　　　d. 我

87

III 次の日本語を中国語に訳し、簡体字で書きなさい。

(1) あなたがたは地元の人ですか。

_____

(2) わたしは家でご飯を食べるのが好きです。

_____

(3) あなたにどう感謝したら良いのか分かりません。

_____

(4) 彼はわたしの話す中国語を聞いて理解できません。

_____

(5) ここから図書館まで5分しかかかりません。

_____

IV 中国語の問いを聞き、答えとして最も適当なものを、それぞれ①〜④の中から1つ選びなさい。
〔問い、答えを書き取ってみよう〕

《生词》半岛酒店 Bàndǎo jiǔdiàn：ペニンシュラホテル

DL 120

CD2-36

(1) (7字　　　　　　　　　　　　　) ?

　　① (3字　　　　　　) 半岛酒店。

　　② (5字　　　　　　　　　)。

　　③ 那家酒店 (5字　　　　　　　　)。

　　④ (8字　　　　　　　　　　　)。

(2) 你 (6字　　　　　　　　　　) 吗?

　　① (7字　　　　　　　　　　)。

　　② 有，号码是 (3字　　　　　) - (3字　　　　　　) -
　　　 (4字　　　　　　　)。

　　③ (6字　　　　　　　　　)。

　　④ 我的房间 (6字　　　　　　　　　)。

オンライン映像配信サービス「plus⁺Media」について

本テキストの映像は plus⁺Media ページ（www.kinsei-do.co.jp/plusmedia）から、ストリーミング再生でご利用いただけます。手順は以下に従ってください。

ログインページ

ログイン

● ご利用には、ログインが必要です。
サイトのログインページ（www.kinsei-do.co.jp/plusmedia/login）へ行き、plus⁺Media パスワード（次のページのシールをはがしたあとに印字されている数字とアルファベット）を入力します。

● パスワードは各テキストにつき1つです。
有効期限は、<u>はじめてログインした時点から1年間</u>になります。

[利用方法]

次のページにある QR コード、もしくは plus⁺Media トップページ（www.kinsei-do.co.jp/plusmedia）から該当するテキストを選んで、そのテキストのメインページにジャンプしてください。

メニューページ　　　　　再生画面

plus+Media トップ　　　メインページ

「Video」「Audio」をタッチすると、それぞれのメニューページにジャンプしますので、そこから該当する項目を選べば、ストリーミングが開始されます。

[推奨環境]

iOS (iPhone, iPad)	OS: iOS 12 以降 ブラウザ：標準ブラウザ	Android	OS: Android 6 以降 ブラウザ：標準ブラウザ、Chrome
PC	OS: Windows 7/8/8.1/10, MacOS X　ブラウザ: Internet Explorer 10/11, Microsoft Edge, Firefox 48以降, Chrome 53以降, Safari			

※最新の推奨環境についてはウェブサイトをご確認ください。
※上記の推奨環境を満たしている場合でも、機種によってはご利用いただけない場合もあります。また、推奨環境は技術動向等により変更される場合があります。予めご了承ください。

本テキストをご使用の方は以下の動画を視聴することができます。

発音解説・練習動画

解説パート
李軼倫先生が発音のコツをわかりやすく解説

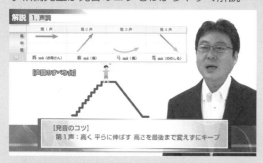

練習パート
チャンツを活用して、リズムに合わせて発音練習

文法解説動画
金子真生先生が文法について簡潔に解説

確認問題は CheckLink で解答状況を確認

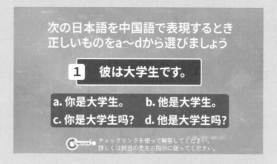

日中異文化理解動画

会話シーン

解説シーン

● 日本を舞台とした会話シーンでは、日本人学生の佐藤さん（男性）と留学生の王さん（女性）の
やり取りから、日中異文化を描いています。

● 解説シーンでは洪潔清先生による異文化理解の説明があります。

このシールをはがすと
plus+Media 利用のための
パスワードが
記載されています。

一度はがすと元に戻すことは
できませんのでご注意下さい。

◀ ここからはがして下さい

724 中国語への道
【準中級編】改訂新版　plus+Media

このシールをはがすと
CheckLink 利用のための
「教科書固有番号」が
記載されています。

一度はがすと元に戻すことは
できませんのでご注意下さい。

◀ ここからはがして下さい

724 中国語への道
【準中級編】改訂新版　CheckLink

中国語への道【準中級編】
—浅きより深きへ— 改訂新版

2022 年 1 月 9 日　初 版 発 行
2023 年 2 月20日　第 3 刷発行

著　者 ⓒ内田　慶市
　　　　　奥村佳代子
　　　　　塩山　正純
　　　　　張　　軼欧
発行者　　福岡　正人
発行所　　株式会社　金星堂

〒101-0051　東京都千代田区神田神保町 3-21
Tel. 03-3263-3828　Fax. 03-3263-0716
E-mail : text@kinsei-do.co.jp
URL : http://www.kinsei-do.co.jp

編集担当　川井義大　　　　　　　　　2-00-0724
組版／株式会社欧友社　印刷・製本／興亜産業

ISBN978-4-7647-0724-5 C1087